Thomas Lange
Witze für den Pausenhof

Thomas Lange

Witze
für den Pausenhof

Mix
Produktgruppe aus vorbildlich
bewirtschafteten Wäldern und
anderen kontrollierten Herkünften

Zert.-Nr. SGS-COC-1940
www.fsc.org
© 1996 Forest Stewardship Council

978-3-7855-6306-9
1. Auflage 2008
© 2008 Loewe Verlag GmbH, Bindlach
Umschlagillustration: Heribert Schulmeyer
Umschlaggestaltung: Claudia Lorenz
Printed in Germany (007)

www.loewe-verlag.de

Inhalt

Neues aus Witzhausen 7

Lachen als Wahlfach 43

Tierische Spaßvögel 71

Prädikat: witzig! 103

Wunderbare Witzparade 131

Neues aus
Witzhausen

Ein Dicker und ein Dünner treffen sich.
Dicker: „Wenn man dich sieht, kann man glauben, eine Hungersnot sei ausgebrochen!"
Dünner: „Und wenn man dich so sieht, kann man glauben, du seist schuld daran!"

Erwin kommt beschwipst nach Hause und meckert sofort: „Ist das heute wieder ein mieses Fernsehprogramm."
Sagt seine Frau: „Du stehst ja auch vor dem Spiegel!"

Der fünfjährige Sohn von Bergers hat in seinem ganzen Leben noch kein einziges Wort gesprochen, und seine Eltern machen sich große Sorgen.
Eines Tages brüllt der Junge am Mittagstisch: „Verdammt, wo ist das Salz?"
Die Eltern sind außer sich vor Freude: „Warum kannst du denn auf einmal sprechen? Wieso hast du bisher nie etwas gesagt?"
Sohn: „Warum sollte ich? Bis jetzt war doch alles in Ordnung!"

Schulze kommt pfeifend ins Büro, küsst die Sekretärin, haut seinem Chef eine runter und kippt ihm den vollen Aschenbecher über den Kopf.
Sagt der Kollege: „Hör auf, du Knallkopf. Du hast nicht wirklich im Lotto gewonnen, wir haben dich nur in den April geschickt!"

Der Polizist hat einen Betrunkenen angehalten und will den Führerschein sehen.
Der Autofahrer ist empört: „Den habe ich euch doch schon vor sechs Wochen gegeben! Ihr habt ihn doch nicht etwa verschlampt?"

Krüger: „Mir fallen vor lauter Sorgen schon die Haare aus!"
Freund: „Und worüber machst du dir so viele Sorgen?"
Krüger: „Dass ich eine Glatze bekomme!"

Weltreisender: „... und als der Löwe hinter mir her war, rettete ich mich in letzter Sekunde auf einen Baum!"

Zuhörer: „Aber in der Wüste gibt es doch keine Bäume."
Weltreisender: „In dem Moment war mir das egal!"

Patient: „Herr Doktor, Sie müssen mir helfen! Ich bilde mir ein, ein Keks zu sein!"
Doktor: „So ein kleiner viereckiger mit Löchern drin?"
Patient: „Ja, genau."
Doktor: „Keine Bange, Sie sind kein Keks, sondern nur ein ordinärer Zwieback!"

Hofmeier beim Psychiater: „Meine Frau schickt mich, weil ich so gerne Pfannkuchen mag."
Psychiater: „Aber das ist doch ganz normal. Ich mag auch gerne Pfannkuchen."
Hofmeier: „Oh fein! Wollen wir tauschen? Ich hab ein ganzes Album voll!"

„Weißt du, warum die Butter fett ist?"
„Klar, damit sie nicht quietscht, wenn man sie aufs Brot streicht."

Arzt: „Sie müssen unbedingt abnehmen! Nehmen Sie auf keinen Fall mehr als tausend Kalorien pro Tag zu sich!"
Frau Kunze: „Vor oder nach den Mahlzeiten?"

Heinrich: „Herr Doktor, gestern haben Sie mir doch das Stärkungsmittel verschrieben."
Doktor: „Ja, was ist damit?"
Heinrich: „Ich bekomme die Flasche nicht auf!"

Doktor: „Ihnen geht's ziemlich schlecht. Sie haben Wasser in den Beinen, Kalk in den Adern und Steine in den Nieren!"
Flattinger: „Toll, wenn Sie mir jetzt noch sagen, dass ich Sand im Kopf habe, fange ich an zu bauen!"

Doktor: „Sie sehen viel schlechter aus als vor einer Woche! Sie sollten doch höchstens fünf Zigaretten pro Tag rauchen!"
Patient: „Habe ich auch gemacht. Allerdings habe ich früher gar nicht geraucht!"

Der Fernsehmechaniker kommt zu Tante Emilie.
„Sie haben mich rufen lassen. Wo fehlt's denn?", fragt er.
„Nein, nein", sagt Tante Emilie. „Sie können wieder gehen. Die Sache ist schon in Ordnung. Mein Mann und ich hatten gestern nur die Brillen verwechselt."

Mann: „Haben Sie sich vor Kurzem das Rauchen abgewöhnt?"
Meier: „Ja, wieso?"
Mann: „Sie drücken Ihre Kekse im Aschenbecher aus!"

Doktor: „Mithilfe dieser Medizin können Sie endlich die ganze Nacht durchschlafen!"
Patient: „Das ist ja toll, und wie oft muss ich sie nehmen?"
Doktor: „Alle zwei Stunden!"

Papi ist durch nichts mehr zu erschüttern. Er sitzt am Schreibtisch.
Da ruft Paul:

„Du, Papi, die kleine Lili hat eben meinen Kugelschreiber verschluckt!"
„Dann schreibst du eben mit dem Bleistift weiter!", sagt Papi.

Student: „Wann kann ich Sie mal besuchen?"
Professor: „Wann immer Sie wollen, aber seien Sie pünktlich!"

Doktor: „Ihr Puls ist in Ordnung, aber Ihre Zunge ist belegt. Haben Sie denn Appetit?"
Patient: „Das kommt darauf an, mal ja, mal nein."
Doktor: „Und wann nicht?"
Patient: „Eigentlich immer nach den Mahlzeiten!"

„Kennst du den Unterschied zwischen einem Klavier und einer Kinderbadewanne?"
„Nein."
„Dann pass auf, falls du dir einmal ein Klavier kaufen willst – nicht, dass du am Ende mit einer Kinderbadewanne heimkommst!"

Herr Wachtelmann: „Heute Nacht habe ich geträumt, dass ich einen riesigen Champignon essen würde."
Kollege: „Na und?"
Herr Wachtelmann: „Als ich aufgewacht bin, war mein Kopfkissen verschwunden!"

Der alte Herr Knauser sagt zum Postbeamten: „Ich hätte gerne eine Fünfundfünfzig-Cent-Briefmarke. Aber machen Sie den Preis ab, es soll ein Geschenk sein!"

„Versteht euer Trainer was von Fußball?"
„O ja. Vor dem Spiel erklärt er uns, wie wir gewinnen können. Und nach dem Spiel analysiert er, warum wir verloren haben."

Züchter: „Mir ist es endlich gelungen, runde Bananen zu züchten!"
Kollege: „Das ist ja super."
Züchter: „Der einzige Nachteil ist: Die Dinger schmecken wie Orangen!"

„Warum weint die kleine Susi?"
„Weil ich ihr geholfen hab."
„Geholfen? Wobei?"
„Geholfen, die Schokolade aufzuessen."

Frau Resch zu ihrem Mann: „Deine Füße gucken ja unter der Bettdecke raus."
Resch: „Das weiß ich!"
Frau Resch: „Sind sie denn nicht kalt?"
Resch: „Doch, und wie!"
Frau Resch: „Warum steckst du sie dann nicht unter die Decke?"
Resch: „Ich will die kalten Dinger doch nicht in meinem Bett haben!"

Ein Taucher hört über Funk: „Komm schnell rauf, wir gehen unter!"

Der Lehrer paukt mit den Kindern die Grammatik: „Wenn ich sage ‚Der Vater gab', was ist das für eine Zeit?"

„Vergangenheit."
„Sehr schön. Und wenn ich sage: ‚Dein Vater hat Geld'. Was ist das für eine Zeit?"
„So um den Ersten rum."

Ein Gärtner sammelt von der Straße Pferdeäpfel auf.
Passant: „Was machen Sie mit den Pferdeäpfeln?"
Gärtner: „Die streue ich auf die Erdbeeren."
Passant: „Komisch, wir nehmen eigentlich immer Zucker!"

Kinokassiererin: „Das Kino ist bis auf den letzten Platz ausverkauft!"
Besucher: „Macht nichts, dann geben Sie mir eben den letzten."

Alter Arbeiter: „Früher mussten wir 25 Stunden am Tag arbeiten!"
Lehrling: „Der Tag hat doch nur 24 Stunden."
Arbeiter: „Wir haben halt eine Stunde früher angefangen!"

Hans will Franz besuchen und drückt die Türklingel.
Franz von drinnen: „Bei uns ist keiner zu Hause!"
„Ah! Gut, dass ich nicht extra gekommen bin."

Ein Spazierstock wird in einen Schirmständer mit zwei
Damenschirmen gesteckt.
Meint der eine Schirm: „Igitt! Sieh mal, da kommt ein
nackter Mann!"

Butler: „Das Klavier im roten Salon ist verstimmt!"
Lord: „Worüber denn?"

Empörter Kunde an der Kasse: „Wenn Sie noch nie einen 37-Euro-Schein gesehen haben, wie können Sie dann behaupten, er sei falsch?"

Ein Staubsaugervertreter will auf einem abgelegenen
Bauernhof einen Staubsauger vorführen und schüttet
einen großen Beutel Dreck vom Hof in die Stube.

Vertreter: „Ich werde jeden Krümel Dreck vom Boden aufessen, den dieser Staubsauger nicht wegsaugt!"
Bäuerin: „Dann mal los, wir haben hier nämlich keinen Strom!"

Kundin in der Boutique: „Könnte ich das gestreifte Kleid im Schaufenster mal anprobieren?"
Verkäuferin: „Aber sicher, allerdings haben wir auch Kabinen!"

Richter: „Warum haben Sie denn nur das Rad gestohlen?"
Dieb: „Wissen Sie, das Rad lehnte an der Friedhofsmauer, und ich dachte, der Besitzer sei gestorben!"

Herr Bollmann hat auf seinem Kopf nur noch drei Haare und geht damit zum Friseur.
Friseur: „Wie hätten Sie es denn gerne?"
Bollmann: „Den Scheitel links, bitte!"
Der Friseur legt ein Haar nach links und zwei nach rechts.

Dabei fällt leider ein Haar aus.
Friseur: „Das tut mir aber leid! Was soll ich jetzt machen?"
Bollmann: „Machen Sie einen Mittelscheitel!"
Leider fällt dabei ein weiteres Haar aus.
Verzweifelter Friseur: „Was machen wir jetzt?"
Bollmann: „Schon gut, dann geh ich eben verstrubbelt nach Hause!"

„Das ist doch eine Schweinerei", sagt der Feriengast zum Fremdenverkehrsdirektor. „Da wird das ganze Abwasser und der ganze Dreck vom Hotel in die Bucht geleitet, in der wir baden sollen!"
„Mein Herr", antwortet der Fremdenverkehrsdirektor, „beachten Sie bitte, dass das der Dreck von einem Nobelhotel ist!"

Eine Frau kauft eine Zitrone, ein Viertelpfund Paprika, zwei Zwiebeln und eine Schachtel Streichhölzer.
Frau: „Könnten Sie mir die Sachen bitte ins Haus liefern?"
Verkäufer: „Leider nein, gnädige Frau, unser Lastwagen ist gerade mit einem Sträußchen Petersilie unterwegs!"

Mann auf dem Standesamt: „Guten Tag! Ich möchte gerne meinen Namen ändern."
Beamter: „Wie heißen Sie denn?"
Mann: „Brenz."
Beamter: „Aber das ist doch ein normaler Name."
Mann: „Ja, schon, aber jedes Mal, wenn ich telefoniere und mich mit ‚Hier Brenz' melde, kommt die Feuerwehr!"

Schröders besichtigen eine Neubauwohnung.
Frau Schröder: „Das sind aber tolle Einbauschränke!"
Makler: „Nein, meine Dame, das sind die Kinderzimmer!"

Julius macht Abenteuerurlaub. Heute lernt er Fallschirmspringen.
„Und was soll ich tun, wenn der Fallschirm nicht aufgeht?", fragt er den Mann in der Gerätekammer.
„Kein Problem", sagt der. „Dann können Sie den Schirm bei mir ohne Weiteres gegen einen neuen umtauschen."

„Du wolltest doch mit Hugo Schach spielen!"
„Ich mag aber nicht mehr."
„Und warum nicht?"
„Wie soll ich mit ihm Schach spielen, wenn er mir dauernd die Figuren wegnimmt?"

Antreiber auf der Galeere: „Ich habe eine gute und eine schlechte Nachricht.
Die gute: Ihr bekommt eine Sonderration Rum. Die schlechte: Nach dem Essen will der Käpt'n Wasserski laufen!"

„Glaubst du, dass es Menschen auf anderen Sternen gibt?"
„Na klar. Sonst wären die Dinger doch nicht jede Nacht beleuchtet!"

In der Schule sind zwei Garderobenhaken angebracht worden. Darüber hängt ein Schild: „Nur für Lehrer!"
Am nächsten Tag klebt ein Zettel darunter: „Aber man darf auch Mäntel daran aufhängen!"

Joe bewirbt sich als Holzfäller.
Chef: „Was haben Sie denn vorher so gemacht?"
Joe: „Ich war Holzfäller in der Wüste Gobi."
Chef: „Aber da sind ja gar keine Bäume."
Joe: „Eben, jetzt nicht mehr!"

„Gestern hab ich bei Auto-Meier einen ganz tollen Wagen im Schaufenster gesehen. Ich war so begeistert, dass ich ihn gleich gekauft habe."
„Und wo ist der Wagen jetzt?"
„Ich hab ihn im Schaufenster stehen lassen. So einen günstigen Parkplatz krieg ich nie wieder!"

Elektriker vor der Wohnungstür: „Unverschämtheit! Bestellen einen her, um die Klingel zu reparieren, und dann macht keiner auf!"

Im Fundbüro: „Ist hier ein Fünfzig-Euro-Schein abgegeben worden?"
Fräulein: „Nein, nur ein Hundert-Euro-Schein."
Mann: „Macht nichts, ich kann wechseln."

Verhandlung im Gerichtssaal.
Richter zum ersten von drei angeklagten Männern: „Nun, was haben Sie angestellt?"
Erster Angeklagter: „Ich habe den Stein in den Kanal geworfen!"
Richter: „Das ist kein Delikt. Freispruch!"
Richter zum zweiten Angeklagten: „Und welche Straftat haben Sie begangen?"
Zweiter Angeklagter: „Ich habe dabei geholfen, den Stein in den Kanal zu werfen."
Richter: „Das ist auch kein Verbrechen. Freispruch!"
Richter zum dritten Angeklagten: „Und weshalb sind Sie nun hier?"
Dritter Angeklagter: „Ich bin der Stein, Euer Ehren! Hubert Stein!"

„Also, das solltest du nicht machen!", sagt jemand zu Farmer Adam. „Deine Frau liegt krank zu Hause, und du sitzt hier in der Kneipe und kippst einen Whisky nach dem anderen!"
„Ich trinke ja dauernd auf ihre Gesundheit!", verteidigt sich Farmer Adam.

Kassierer im Kino: „Mein Herr, das ist nun schon die siebte Eintrittskarte, die Sie innerhalb einer Stunde kaufen."
Herr: „Was soll ich denn machen? Am Eingang steht ein Kerl, der sie mir jedes Mal zerreißt!"

„Du warst heute sehr brav", sagt Opa zu Tommi. „Darum darfst du jetzt in die Büchse greifen und dir eine Handvoll Gummibärchen nehmen."
„Du, Opa, greif du doch bitte für mich rein!"
„Ja, Kleiner, bist du denn so schüchtern?"
„Das nicht. Aber du hast größere Hände."

Meister: „Ja, was fällt dir denn ein, beim Arbeiten zu rauchen!"
Arbeiter: „Aber Meister, ich arbeite doch gar nicht!"

Oberkellner zu Kellner: „Was hat denn eigentlich der Gast von Tisch acht ins Beschwerde-Buch geschrieben?"
Kellner: „Nichts, er hat nur sein Kotelett reingeklebt!"

Zeitungskäufer: „Warum schreien Sie denn dauernd ‚Großer Schwindel! Schon achtzig Opfer!', wenn davon kein Wort in Ihrem Schmierenblatt steht?"
Zeitungsjunge: „Großer Schwindel! Schon einundachtzig Opfer!"

Quizmaster: „Was ist der Unterschied?"
Kandidat: „Zwischen was, bitte?"
Quizmaster: „Tut mir leid, helfen darf ich nicht!"

Ein Junge, der gerade mit der Schulausbildung fertig ist, bewirbt sich um eine Lehrstelle.
Meister: „Gut, du kannst in meinem Betrieb anfangen. Zu Anfang bekommst du 400 Euro und nach einem halben Jahr 600 Euro."
Junge: „Gut, dann komme ich in einem halben Jahr wieder."

Kellner zu Gast: „Wünschen der Herr Weiß- oder Rotwein zum Menü?"
Gast: „Mir ist das völlig egal, ich bin farbenblind!"

Kellner zu Gast: „Haben Sie noch einen Wunsch, mein Herr?"
Gast: „Ja, bitte bringen Sie mir etwas Geld, damit ich zahlen kann!"

„... und als ich aus dem Wirtshaus kam, sehe ich doch, wie einer mit meinem Auto davonbraust!"
„Und, können Sie den Dieb beschreiben?"
„Das nicht, aber ich habe mir die Autonummer notiert."

Ein Gast beschwert sich: „Früher waren die Portionen hier aber viel größer als heute!"
Der Ober beschwichtigend: „Das meinen Sie nur, mein Herr. Wir haben nur inzwischen das Lokal vergrößert!"

Der kleine Dennis fragt: „Was ist Wind?"
Sagt der Vater: „Das ist Luft, die es eilig hat."

Eine Mutter bringt ihre Zwillinge Tim und Tom ins Bett. Der eine dreht sich ohne ein Wort zur Wand, während der andere sich vor Lachen schier ausschüttet. Da fragt ihn die Mutter: „Warum lachst du denn so?"
Darauf antwortet er: „Du hast Tom zweimal gebadet und mich gar nicht!"

Die Müllers geben eine Gartenparty. Nach einiger Zeit sagt die Mutter zu ihrem Sohn: „Kannst du bitte schnell den Salzstreuer auffüllen?"
Eine Stunde später kommt der Kleine schluchzend aus der Küche: „Ich kann das Zeug nicht durch die Löcher stopfen!"

Die Mutter kommt nach Hause. Sie fragt ihren Sohn: „War jemand da?"
Darauf der Sohn: „Ja."
Die Mutter fragt: „Wer?"
Der Sohn antwortet: „Ich."
Die Mutter meint: „Nein, nein, ich meine, ob jemand gekommen ist."
Der Sohn sagt: „Ja, du!"

Der kleine Markus starrt im Bus einen Mann an, der einen Kropf hat. Dieser lässt sich das eine Zeit lang gefallen, dann sagt er: „Wenn du mich noch lange anstarrst, fresse ich dich!"
Darauf Markus: „Schluck doch erst mal den anderen runter!"

Unterhalten sich zwei Freunde: „Was machst du, wenn mitten in der Wüste eine giftige Schlange auf dich zukommt?"
„Dann erschieße ich sie!"
„Und wenn du kein Gewehr hast?"
„Dann ersteche ich sie!"
„Und wenn du kein Messer hast?"
„Sag mal, zu wem hältst du eigentlich? Zu mir oder zu der Schlange?"

Treffen sich zwei Klempner. Sagt der eine: „Gestern habe ich 60 Meter Rohre verlegt!"
Sagt der andere: „Mach dir nichts draus, die finden wir schon wieder."

„Das ist total gemein!", beschwert sich der kleine Till bei seinem Freund. „Ich bin zu Hause von fünf Geschwistern das jüngste und muss immer die alten Klamotten der anderen auftragen."
„Aber das ist doch nicht so schlimm", tröstet ihn sein Freund.
„Und ob das schlimm ist! Ich hab nur Schwestern!", meint Till.

„Das ist aber schön, dass du kommst", begrüßt Leo den Onkel an der Tür. „Mama sagte erst gestern, du hättest uns gerade noch gefehlt."

Der stolze Vater sagt: „Kläuschen, der Storch hat dir ein Schwesterchen gebracht, willst du es sehen?"
Antwortet der vorwitzige Klaus: „Später, zeig mir erst mal den Storch!"

Stehen zwei Polizisten weinend am Straßenrand. Endlich nimmt sich einer der Passanten ein Herz, geht zu ihnen und fragt: „Warum weint ihr denn?"

Schluchzt der eine: „Unser Suchhund ist davongelaufen."
Da meint der Passant: „Der wird schon wieder nach Hause finden!"
Und der Polizist antwortet: „Aber wir nicht!"

„Angriff!", schreit der Kompanie-Chef. Alle rennen mit – nur der Gefreite Berger läuft zurück.
„Berger, die Front ist da vorn!"
„Ich weiß, aber man wird doch wohl noch Anlauf nehmen dürfen!"

Wendet sich der Pastor während der kirchlichen Trauung verärgert an den Bräutigam: „Junger Mann, ich bin es gewohnt, dass man auf meine Frage mit einem klaren ‚Ja' antwortet und nicht mit einem ‚Meinetwegen'!"

Chef: „Meine Damen und Herren, ich habe ja nichts dagegen, dass es geteilte Meinungen gibt, aber wir wollen es doch so halten, dass ich eine Meinung habe und Sie diese teilen."

„Oh Gott", ruft die Wahrsagerin entsetzt. „Ich sehe Schreckliches! Ihr Mann wird in den nächsten Tagen sterben!"
„Das weiß ich", entgegnet die Kundin. „Ich will ja nur wissen, ob ich freigesprochen werde!"

Richter: „Angeklagter, wann arbeiten Sie eigentlich?"
„Dann und wann."
„Und was?"
„Dies und das."
„Und wo?"
„Hier und dort."
„Gut, Sie kommen ins Gefängnis."
„Und wann werde ich wieder entlassen?"
„Früher oder später."

Fritz kommt missmutig von der Schule nach Hause und fragt die Schwester: „Haben wir Lösungsmittel zu Hause?"
„Wozu denn?"
„Ich komme mit den Matheaufgaben nicht zurecht."

Knacker Ede fragt Otto: „Kannst Du mir mal eben zwei Mille pumpen? Du bekommst sie wieder – sobald die Banken geschlossen haben."

Ein Mann kommt mit seiner Tochter zum Psychiater.
„Herr Doktor, Sie müssen uns helfen! Meine Tochter glaubt, sie sei ein Huhn."
„Wie lange hat sie das schon?"
„Drei Jahre."
„Wieso kommen Sie denn erst jetzt?"
„Na, weil wir die Eier brauchten!"

Patient: „Aber Herr Doktor, Sie wollen doch nicht behaupten, dass ich ein Trinker bin."
Arzt: „Nein, aber wenn ich eine Flasche Kognak wäre, würde ich ungern mit Ihnen in einem Zimmer sein."

In der Gemäldegalerie sagte ein Künstler zum anderen:
„War deine Ausstellung ein Erfolg?"
„Wie man es nimmt. Ich habe zwar nichts verkauft, aber immerhin sind mir vier Bilder gestohlen worden."

„Wie gehen die Geschäfte?"
„Danke, ich kann nicht klagen. Mein Kundenkreis wächst und wächst!"
„Was verkaufst du?"
„Kinderkleidung."

„Warum siehst du so traurig aus?"
„Meine Frau soll verreisen."
„Aber deshalb brauchst du doch nicht so traurig auszusehen!"
„Doch. Sonst fährt sie nicht."

Ein Polizist stoppt einen Landstreicher, der mit einem Karton in der Hand durch den Park geht.
Polizist: „Was haben Sie da drin?"
Landstreicher: „Küche, Wohnzimmer, Schlafzimmer und Bad."

Pfarrer: „Herr Huber, ich traue Ihnen nicht!"
Huber: „Ist auch nicht nötig, Herr Pfarrer, ich bleibe ledig!"

„Früher sind mir die Frauen immer massenhaft nachgelaufen."
„Und warum heute nicht mehr?"
„Ich klau keine Handtaschen mehr!"

„Aus Ihren Handlinien lese ich Schreckliches", flüstert die Wahrsagerin. „Es wird ein böses Ende mit Ihnen nehmen. Man wird Sie töten, kochen und auffressen."
„Moment", unterbricht sie der Kunde. „Lassen Sie mich erst die Schweinsleder-Handschuhe ausziehen!"

Der Verkäufer bedient gerade eine Kundin, als noch eine weitere Kundin den Laden betritt.
„Geben Sie mir bitte Katzenfutter!", ruft die zweite dem Verkäufer zu und sagt zu der Dame vor ihr: „Sie sind mir doch nicht böse, dass ich mich vorgedrängelt habe?"
„Aber ich bitte Sie! Wo Sie doch so einen Hunger haben."

Friseur: „Ihr Haar wird langsam grau!"
Kunde: „Kein Wunder bei Ihrem Arbeitstempo!"

Beim Museumsbesuch bleiben die Mutter und die kleine Tochter vor einer antiken Statue stehen, die keine Arme hat.
„Wieso hat die Frau keine Arme?", fragt Irene.
„Tja", sagt die Mutter, „so geht es den Menschen, die an ihren Fingernägeln kauen."

Die Kundin in der Edelboutique: „Ist dieser Nerzmantel auch wirklich gegen Regen unempfindlich?"
Antwortet der Verkäufer: „Selbstverständlich, gnädige Frau, oder haben Sie schon einmal einen Nerz mit Regenschirm gesehen?"

Der wütende, von Grippe geplagte Patient brüllt ins Telefon: „DREI WOCHEN??? Der Doktor kann mich erst in drei Wochen empfangen? Da könnte ich ja schon tot sein!"
Eine ruhige Stimme am anderen Ende: „Sollte dies eintreten, könnte dann bitte Ihre Frau anrufen und den Termin absagen?"

„Na, wie war denn der Urlaub?"
„Weiß ich nicht. Die Bilder sind noch nicht entwickelt."

Wütend schlägt ein Beamter im Gartenbauamt eine Schnecke tot.
„Warum hast du das gemacht?", empört sich ein Kollege.
„Das aufdringliche Ding verfolgt mich schon den ganzen Tag."

„90 Prozent aller Menschen schreiben mit Kugelschreibern."
„Ach, und was machen die anderen 10 Prozent damit?"

Ein älterer Herr steigt in den Bus und zeigt dem Fahrer eine Monatskarte.
„Aber, aber", meint der Fahrer. „Das ist doch eine Schülerkarte."
„Da können Sie mal sehen, wie lange ich an der Haltestelle auf Ihren Bus gewartet habe."

Atemlos kommt das neue Dienstmädchen vom Einkauf zurück, in ihrem Schlepptau einen sich heftig sträubenden Mann.
„Alles bekommen, gnädige Frau", keucht sie, „Streuselkuchen, Apfeltaschen, den Marmorkuchen. Bloß der Berliner will Schwierigkeiten machen!"

„Wovon leben Sie?"
„Vom Speck."
„Ach, Metzger?"
„Nein, Miederfabrikant ..."

„Soll ich Ihnen das Frühstück in die Kabine bringen?", fragt der Steward den seekranken Passagier.
„Nicht nötig. Werfen Sie es gleich über Bord!"

„Was machen Sie denn mit dem Kranwagen?"
„Den brauche ich für meinen Beruf, ich bin Rausschmeißer im Autokino."

Der alte, schwerhörige Graf kommt nach Hause, und sein Diener hilft ihm aus dem Mantel. Wie immer murmelt er dabei vor sich hin: „Na, Alter, hast du dich mal wieder volllaufen lassen?"
Der Graf: „Nein, Johann, ich bin in der Stadt gewesen und habe ein Hörgerät gekauft."

Verlassen zwei Taschendiebe ein Restaurant.
„Hast du die goldene Uhr des Kellners gesehen?"
„Nein, zeig mal her!"

Ein Mann sitzt im Theater. Kurz vor Beginn der Vorstellung muss er noch mal raus. Er irrt durch die leeren Gänge, findet aber keine Toilette. In seiner Verzweiflung pinkelt er in eine herumstehende Blumenvase, geht zurück in den Zuschauerraum und setzt sich wieder. Der Vorhang ist bereits aufgezogen, aber es ist niemand auf der Bühne.
Er fragt seinen Nachbarn: „Na, war schon was?"
Sagt der: „Ja, typisch diese modernen Stücke. Kommt einer rein, pinkelt in eine Vase und geht wieder raus."

Zwei Männer gehen von einer Halloweenparty nach Hause und beschließen, die Abkürzung über den Friedhof zu nehmen. Mitten zwischen den Gräbern hören sie plötzlich ein Geräusch: Tock-tock-tock, tock-tock-tock ...
Zitternd vor Furcht schleichen sie weiter und finden schließlich einen alten Mann, der mit Hammer und Meißel einen Grabstein bearbeitet.
Nachdem der erste sich wieder erholt hat, fragt er den Mann: „Alter Mann, Sie haben uns fast zu Tode erschreckt ... wir dachten schon, Sie wären ein Geist! Was arbeiten Sie denn hier mitten in der Nacht?"
„Diese Schwachköpfe!", murmelt der alte Mann. „Sie haben meinen Namen falsch geschrieben!"

Der Ozeanriese gleitet an einer winzigen Insel vorbei, auf der ein völlig zerlumpter Mann wie verrückt herumhüpft und winkt.
„Wer ist denn das?", will ein Passagier vom Kapitän wissen.
„Och, keine Ahnung, aber der freut sich immer so, wenn wir vorbeikommen!"

Steht einer mit einem Bauchladen vor einer Bank und verkauft Blechmäuse zum Aufziehen.
Da kommt sein Freund vorbei und möchte sich fünf Euro borgen.
„Geht leider nicht", sagt der mit dem Bauchladen. „Ich habe einen Vertrag mit der Bank: Die dürfen keine Blechmäuse verkaufen, und ich darf kein Geld ausleihen!"

Ein Autofahrer wird von der Polizei gestoppt: „Was ist denn mit Ihren Rücklichtern los?"
Der Autofahrer steigt aus, starrt auf das Auto und wird kreidebleich.
„Was ist mit Ihren Rücklichtern?", wiederholt der Polizist.
„Was kümmern mich die Rücklichter!", ruft der Mann verzweifelt. „Wo ist mein Wohnwagen?"

Bruno holt jeden Tag zwei Packungen Mottenkugeln aus der Drogerie.
Fragt ihn der Verkäufer nach einer Woche: „Wofür brauchen Sie denn so viele Mottenkugeln?"
„Die Viecher sind so schwer zu treffen!"

Beim Juwelier verlangt der Kunde eine Taucheruhr mit Datumsanzeige.
Der Verkäufer: „Mein Gott, wie lange wollen Sie denn unten bleiben?"

Lachen als Wahlfach

„Sag mal, Lars, warum kommst du schon wieder nicht pünktlich zum Unterricht?", fragt der Lehrer.
„Weil ich von einem Fußballspiel geträumt habe."
„Und deshalb kommst du zu spät?"
„Ja, es gab eine Verlängerung!"

Timo fragt in der Biostunde: „Können Herrenschirme und Damenschirme Nachwuchs bekommen?"
Biolehrer: „Natürlich nicht, so ein Blödsinn."
Timo darauf: „Und wo kommen dann die Knirpse her?"

Der Lehrer schüttelt verzweifelt den Kopf. „Ich glaube, ich bin der Einzige in dieser Klasse, der arbeitet!", seufzt er.
„Na und?", meint Vera. „Sie sind ja auch der Einzige, der für seine Anwesenheit hier bezahlt wird."

Cornelius leidet an der Schlafkrankheit. Nie wird er morgens richtig wach. Immer kommt er zu spät zur Schule.

„Da weiß ich ein gutes Mittel", sagt der Arzt. „Nimm jeden Abend diese Pillen!"
Und wirklich, Cornelius wird am frühen Morgen wach und kommt als Erster zur Schule. Freudestrahlend sagt er zum Lehrer: „Jetzt ist wieder alles okay!"
„Gut", meint der Lehrer. „Aber wo warst du gestern?"

Fritz kommt mal wieder zu spät. „Die Straßenbahn hatte Verspätung", entschuldigt er sich.
Der Lehrer meint verärgert: „Für deine faulen Ausreden musst du dir schon einen Dümmeren suchen – aber den wirst du wohl kaum finden."

„Wie fängt man Mäuse?", fragt der Lehrer in der Biostunde.
„Ganz einfach!", ruft Andi. „Man jagt sie unter einen Schrank und sägt die Beine ab."

In der neuen Aula. Ein Schüler zum anderen: „Die Aula hat aber eine schlechte Akustik."
„Ich riech nix!"

Herr Berger kommt von der Elternsprechstunde zurück und ruft seinen Ältesten zu sich. „Dein Klassenlehrer hat mir erzählt, dass es ihm nicht einmal gelingt, dir das kleine Einmaleins beizubringen", sagt er streng.
„Siehst du", ruft der Sohn. „Ich habe dir doch schon immer gesagt, dass der Lehrer nichts taugt!"

Der Lehrer erklärt etwas. Aber im Klassenzimmer ist es so laut, dass man ihn kaum versteht.
Manni ruft: „Bitte lauter!"
Darauf der Lehrer: „Entschuldigung! Ich wusste nicht, dass jemand zuhört!"

Felix kommt zu spät. Auf dem Gang trifft er den Direktor.
Der Direktor schaut Fritz streng an und sagt: „Zehn Minuten zu spät!"
Darauf Felix: „Machen Sie sich nichts draus, ich auch!"

Lehrer: „Wie heißt die Befehlsform von ‚schweigen'?"
Schüler: „Pssst!"

Die Lehrerin ist wütend: „Immer, wenn wir eine Klassenarbeit schreiben, kommst du nicht, weil deine Oma schwer krank ist. Wer soll dir das noch glauben?"
„Stimmt", sagt Thomas. „Wir hatten auch schon den Verdacht, dass uns Oma etwas vormacht."

Der Direktor fragt die neue Lehrerin: „Und, wie kommen Sie mit der vierten Klasse zurecht?"
„Eigentlich gut", erwidert die Lehrerin. „Wenn die Schüler, die nicht schlafen, so leise wären wie die, die Comics lesen, dann könnte ich in aller Ruhe unterrichten."

Bestürzt fragt der Vater den Lehrer: „Gibt es wirklich keine Möglichkeit, meinen Sohn doch noch zu versetzen?"
„Leider nein", sagt der Lehrer. „Mit dem, was Ihr Sohn nicht weiß, könnten noch drei andere sitzen bleiben!"

„Was würdet ihr Schüler dazu sagen, wenn ich so ungepflegt wie manche von euch in die Klasse käme?"
„Nichts. Wir wären zu höflich, es zu erwähnen."

Der kleine Ralf kommt aus der Schule: „Du, Mutti, der Lehrer hat heute gesagt, dass der Strom schon wieder teurer wird. Sei froh, dass ich keine große Leuchte bin!"

Der Lehrer tobt: „So eine schlechte Arbeit wie deine gestrige Hausaufgabe ist mir noch nie untergekommen, Klaus!"
„Na, da sollten Sie erst mal die heutige sehen", grinst Klaus.

Alex kommt aufgeregt und zu spät in die Schule: „Bitte um Entschuldigung, ich bin von Räubern überfallen worden!"
„Was hat man dir geraubt?"
„Gott sei Dank nur die Hausaufgaben!"

Die 3 a schreibt ein Diktat. Während des Diktierens geht der Lehrer durch die Reihen. Bei der kleinen Susi bleibt er stehen. „Toll, Susi", sagt er. „Nur zwei Fehler. Dann wollen wir doch gleich mal das dritte Wort schreiben."

„Mann! Diese Hausaufgaben sind vielleicht schwierig!", stöhnt Anne. „Mami, du musst mir helfen!"
Die Mutter fühlt sich geschmeichelt. „Aber gern. Wie kann ich dir denn helfen?"
„Ruf Papi im Büro an, und frag ihn, ob er heute Abend Zeit für mich hat."

Die hübsche Schülerin sagt zum Lehrer: „Ich würde alles tun, um diesen Test zu bestehen."
Der Lehrer hakt nach: „Wirklich alles?"
Sie beugt sich vor und blickt ihm tief in die Augen: „Alles!"
Er flüstert zurück: „Würden Sie auch lernen?"

Zwei Schülerinnen stehen in der Pause beisammen. Eine hüpft von einem Bein aufs andere.
Sagt die andere: „Geh doch aufs Klo, wenn du so dringend musst."
„Nö, ich bin doch nicht so blöd und mach das in der Pause …"

„Die Welt ist ungerecht!", beschwert sich ein Schüler beim anderen. „Ich bekomme eine schlechte Note für meinen Schulaufsatz, obwohl der Lehrer zugegeben hat, dass er das Geschmiere gar nicht lesen konnte."

„Kevin, nenne mir die vier Elemente."
„Hm ... Erde, Feuer, Wasser ... und Computerspiele!"
„Computerspiele?"
„Ja. Meine Mutter sagt immer, beim Computerspielen wäre ich in meinem Element."

„Wieso behaupten Sie, ich hätte abgeschrieben?"
„Weil du die ersten drei Rechenaufgaben genauso wie Biggi neben dir gelöst hast. Bei der vierten Aufgabe hat sie außerdem hingeschrieben: ‚Das weiß ich nicht'. Und bei dir steht: ‚Ich auch nicht'."

Ein Lehrer sieht, wie Rainer unter dem Tisch mit Skatkarten hantiert, und sagt empört: „Du wirst doch hoffentlich jetzt nicht spielen?!"
„Ich bitte Sie! Bei dem Blatt?"

Der Musiklehrer spielt der Klasse etwas vor, eine Sonate, eine Etüde oder so etwas Ähnliches.
Er möchte es aber ganz genau wissen und fragt den Alex: „Kannst du mir sagen, was ich da gespielt habe?"
„Klar", sagt Alex. „Klavier!"

Im Deutschunterricht sagt der Lehrer: „Ich bade ... du badest, er, sie, es badet ... was ist das für eine Zeit?"
„Samstagabend!"

„Du hast drei große Äpfel und zwei kleine. Und die sollst du mit deinem Bruder teilen. Wie machst du das?", fragt der Lehrer.
„Das kommt drauf an", antwortet Tina, „ob ich mit meinem großen oder mit meinem kleinen Bruder teilen soll."

Das Thema des Schulaufsatzes lautet: Das Wasser.
Ein Superschlauer schreibt: „Das Wasser ist ganz wichtig. Wenn es kein Wasser gäbe, könnten wir nicht schwimmen lernen. Und viele Menschen müssten ertrinken."

Max schläft im Unterricht ein.
Sein Lehrer ermahnt ihn: „Ich glaube nicht, dass die Schule der richtige Platz zum Schlafen ist!"
Darauf Max: „Och, das geht schon. Sie müssten nur ein bisschen leiser sprechen."

„Was würdet ihr Albert Einstein fragen, wenn er jetzt in die Klasse käme?"
„Wie er es geschafft hat, so alt zu werden!"

„Wieso kommst du so spät zur Schule?"
„Fragen zu meinem Privatleben beantworte ich grundsätzlich nicht!"

„Was für eine Handschrift!", schimpft der Lehrer. „Und alles ist so dreckig und verschmiert! Das kann ich doch überhaupt nicht lesen. Wieso gibst du so was überhaupt ab?"
„Damit Sie meine Rechtschreibfehler nicht erkennen."

Heute lernen die Kinder im Erdkundeunterricht etwas über den Niagara-Wasserfall.
„Stellt euch vor", sagt der Lehrer, „dass Millionen und Abermillionen Liter Wasser jeden Tag über diesen Wasserfall rauschen."
„Und das ist noch nicht alles!", ruft Rolf dazwischen.
„Wieso? Was noch?"
„Das Wasser fließt auch noch nachts!"

Der Vater sagt zu seinem faulen Sohnemann: „Mein Junge, dein Lehrer macht sich große Sorgen wegen deiner schlechten Noten!"
„Ach, Papi! Was gehen uns die Sorgen anderer Leute an?"

„Papa, ich soll dir etwas von meinem Mathelehrer ausrichten."
„So, so. Was denn?"
„Du möchtest mir doch bitte nicht mehr bei den Hausaufgaben helfen, denn davor waren meine Noten noch ausreichend."

Tine kommt zu spät zur Schule.
Die Lehrerin fragt: „Willst du dich nicht für dein Zuspätkommen entschuldigen?"
Tine wirft ihren Schulranzen auf die Bank und grinst: „Mein Vater sagt immer, zum Lernen ist es nie zu spät!"

Riesenradau in der vierten Klasse. Der Lehrer ist für einen Augenblick weg.
Wütend kommt der Rektor über den Flur und stößt mit Tommy zusammen. „Was machst du denn hier vor der Tür?"
„Ich arbeite für den Umweltschutz, Herr Rektor."
„Was soll denn das bedeuten?"
„Ich muss aufpassen, ob die Luft rein ist."

„Wer weiß, wie lange Adam und Eva im Paradies geblieben sind?"
Tanja meldet sich: „Bis zum Herbst."
„Wie kommst du denn darauf?", fragt die Lehrerin.
Tanja: „Na, weil im Herbst die Äpfel reif werden."

„Welches ist das einzige Lebewesen, vor dem der Löwe Angst hat?", will die Lehrerin wissen.
Martin: „Die Löwin!"

„Und, was habt ihr in den Ferien erlebt?", fragt der Lehrer.
„Och, gar nicht viel. Auf keinen Fall reicht das für einen Aufsatz!"

„Du hättest das Gedicht zwanzigmal abschreiben sollen, hast es aber nur zehnmal in dein Heft geschrieben. Kannst du mir das mal erklären?"
„Das kommt daher, dass ich in Mathematik noch viel schlechter bin als in Deutsch!"

„Rate mal, wen ich gerade getroffen habe", sagt der Vater zu seinem Sohn.
„Ja, wen denn?"
„Deinen Lehrer."
Da lacht der Sohn gequält: „Ein komischer Kauz, nicht wahr, er schimpft dauernd über andere Leute."

Die Mutter: „Die Lehrerin hat wieder über dich geklagt!"
„Das kann nicht sein", sagt der Sohn. „Ich war doch heute gar nicht in der Schule."

„Herbert, du hast dieselben zehn Fehler im Diktat wie dein Tischnachbar. Wie erklärt sich das?"
„Ganz einfach. Wir haben die gleiche Lehrerin!"

„Warum schaust du der Lisa jetzt schon zum vierten Mal ins Heft?", schimpft die Lehrerin Kati während der Schulaufgabe.
„Weil die Lisa leider so undeutlich schreibt!"

Der Lehrer behandelt im Unterricht die Wärmelehre.
„Nenne mir doch mal ein Beispiel, wie man Wärme erzeugen kann", bittet er Fritzchen.
Fritzchen besinnt sich: „Ich weiß es nicht!"
„Nun", will der Lehrer helfen, „reibe doch einmal ganz fest deine Hände! Was bemerkst du dann?"
Fritzchen antwortet: „Kleine Dreckwürstchen!"

Der Lehrer überrascht seine Mathematikklasse: „Heute werden wir mit Computern rechnen."
„Prima", freuen sich die Schüler.
„Also, wie viel sind 64 Computer minus 27 Computer?"

„Warum musstest du heute nachsitzen?", fragt der Vater.
„Ich habe mich geweigert, jemanden zu verpetzen."
„Das war aber nett von dir, worum ging es denn?"
„Unser Lehrer wollte wissen, wer Julius Cäsar ermordet hat."

Steffi kommt zu spät zur Schule.
„Wo warst du?", wird sie gefragt.
„Ich habe plötzlich solche Zahnschmerzen bekommen und musste zum Zahnarzt."
„Und jetzt tut dir der Zahn nicht mehr weh?"
„Das weiß ich doch nicht. Der Arzt hat den Zahn ja dabehalten."

„Also merkt euch das: Hitze dehnt aus und Kälte zieht zusammen. Wer kann mir ein Beispiel geben?"
Helena meldet sich: „Die Ferien im Sommer dauern sechs Wochen, die im Winter nur zwei!"

Emil fragt den Lehrer: „Kann man eigentlich bestraft werden, wenn man nichts gemacht hat?"
„Natürlich nicht!", entgegnet dieser.
„Prima", meint Emil. „Ich hab nämlich meine Hausaufgaben nicht gemacht!"

„Jan, kannst du mir sagen, wann Rom erbaut wurde?"
„Ja, nachts", kommt es wie aus der Pistole geschossen.
„Wie kommst du denn darauf?"
„Mein Vater sagt immer, Rom wurde nicht an einem Tag erbaut!"

Der Lehrer gibt den Schülern im Kunstunterricht die Aufgabe, eine Wiese zu zeichnen, auf der eine Kuh weidet. Als Tommy ein leeres Blatt abliefert, wundert sich der Lehrer: „Wo ist denn das Gras?"

„Das hat die Kuh gefressen!"
„Und wo ist die Kuh?"
„Die bleibt doch nicht da, wo kein Gras mehr ist!"

Der Lehrer trifft Frau Götz in der Stadt.
„Guten Tag, Frau Götz. Ihr Sohn hat einen ausgesprochenen Wissensdurst. Hat er das von Ihnen oder von seinem Vater?"
„Teils, teils. Das Wissen hat er von mir, den Durst von seinem Vater."

Die Lehrerin legt ihren Hut auf das Pult und fordert die Schüler auf, einen Aufsatz zu schreiben, in dem der Hut so genau wie möglich beschrieben werden soll. Nach einer Weile hebt Tobias den Finger und fragt: „Frau Schmidt, schreibt man schäbig mit einem B oder mit zwei?"

Der Mathematiklehrer ist verzweifelt: „Diese Klasse ist so schlecht, dass ich eigentlich 60 Prozent durchfallen lassen müsste!"

Plötzlich bricht Jens aus der hintersten Bank in schallendes Gelächter aus: „Haha, 60 Prozent. So viele sind wir ja gar nicht."

Die Lehrerin stellt eine Frage an Uschi und bekommt als Antwort: „Sie sind aber vergesslich. Gestern haben Sie mich doch schon dasselbe gefragt, und ich habe Ihnen gesagt, dass ich es nicht weiß!"

Die Lehrerin erklärt: „Es gibt Geschöpfe, deren Sinne stärker entwickelt sind als die des Menschen. Wer kann mir ein Tier nennen, das besser sieht als wir?"
„Der Adler", weiß Ralf.
„Richtig, und wer riecht besser als der Mensch?"
Das weiß Hugo: „Die Rose!"

In der Erdkundestunde erklärt der Lehrer: „So viele Bäche, Flüsse und Ströme fließen ins Meer, und dazu regnet es auch immer wieder – und dennoch läuft das Meer nicht über! Woran liegt das?"
Max antwortet: „Vielleicht trinken die Fische so viel?!"

„Wie ist denn das möglich? Über zwanzig Fehler in deinem Aufsatz!", schimpft der Vater.
Darauf Horst: „Das liegt an unserem Lehrer, der sucht direkt danach."

„Unter einer Sage versteht man eine Erzählung, der eine wahre Begebenheit zugrunde liegt, die aber durch Fantasie stark ausgeschmückt wird", erklärt der Lehrer. „Wer kann mir eine bekannte Sage nennen?"
Da meldet sich Mirko: „Die Wettervorhersage!"

„Der Mond ist so groß, dass Millionen Menschen darauf Platz hätten", erklärt der Lehrer.
„Aber was gäbe das für ein Gedränge, wenn Halbmond ist!", gibt Birgit zu bedenken.

„Was ist wichtiger für uns, die Sonne oder der Mond?", fragt die Lehrerin im Unterricht.
„Natürlich der Mond", antwortet Tine. „Denn der leuchtet in der Nacht, wenn es dunkel ist. Am Tag ist es sowieso hell."

„Wie viele Gebote gibt es?", fragt der Lehrer.
„Zehn", antwortet Erika.
„Und wenn du eins davon brichst?"
„Dann gibt es nur noch neun."

„Warum hast du gestern im Unterricht gefehlt?", will der Lehrer von Tobi wissen.
„Weiß ich nicht", erklärt Tobi. „Aber hier ist die Entschuldigung, ich hab sie nur noch nicht gelesen!"

In der Klasse der ABC-Schützen hebt Monika den Finger: „Hier stinkt es!"
„Man sagt nicht: ‚Es stinkt', sondern: ‚Es riecht'!", belehrt sie die Lehrerin.
„Ja, aber hier riecht es so, als ob es stinkt", sagt Monika.

Der Lehrer fragt die Kinder: „Wer kann mir ein Beispiel dafür nennen, dass Ehrlichkeit am längsten währt?"
„Ich, Herr Lehrer", antwortet Heiner. „Wenn ich die Rechenaufgaben abschreibe, bin ich schnell fertig, wenn ich sie allein mache, dauert es viel länger."

„Nun, Fritz", fragt der Lehrer in der Schule, „hast du gestern auch eine gute Tat getan, wie ich es euch geraten hatte?"
„O ja, das hab ich", erwidert Fritz strahlend. „Ich habe unseren Hund auf einen Mann gehetzt, der auf dem Weg zum Bahnhof war."
„Was?! Und das nennst du eine gute Tat?", fragt der Lehrer tadelnd.
„Natürlich", sagt Fritz. „Auf diese Weise hat der Mann seinen Zug noch erreicht."

„Erich", sagt der Lehrer missbilligend, „du hast dir wieder nicht das Gesicht gewaschen! Man sieht es noch ganz deutlich, dass du heute Morgen ein Ei gegessen hast."
„Reingefallen!", strahlt Erich. „Das war vorgestern!"

Die Lehrerin ist außer sich über die schmutzigen Hände von Hugo, doch er kann sie beruhigen: „Das ist noch gar nichts, da müssten Sie erst einmal meine Füße sehen!"

Herr Hurtig erkundigt sich beim Lehrer nach seinem Sohn Roland.
„Er macht oft einen recht verschlafenen Eindruck", gibt der Lehrer Auskunft.
Darauf Herr Hurtig stolz: „Das sind sicher die Talente, die noch in ihm schlummern und erst geweckt werden müssen."

Max ist ohne Hausaufgabe in die Schule gekommen.
Der Lehrer droht: „Weißt du, was du dir jetzt verdient hast?"
Doch der schlaue Max lenkt schnell ab: „Ich bin nicht in der Schule, um etwas zu verdienen, sondern um zu lernen."

Ole kommt vom Gymnasium nach Hause. „Papa, heute hast du dir ein Fahrrad verdient."
„Wieso denn das?", fragt der Vater erstaunt.
„Du hast mir doch ein Fahrrad versprochen, wenn ich in die nächste Klasse versetzt werde. Du kannst es behalten!"

„Welcher Vogel baut kein eigenes Nest?", fragt der Lehrer den Klaus.
„Der Kuckuck!"
„Richtig. Und warum nicht?"
„Weil er in einer Uhr wohnt!"

Im Biologie-Unterricht geht es zurzeit um Pflanzenkunde.
„Wer kennt noch andere Ausdrücke für Staubgefäße?", fragt der Lehrer.
Martin weiß einen: „Mülleimer!"

„Warum bewundern wir heute immer noch die alten Römer?", will der Lehrer wissen.
Steffi vermutet: „Weil sie fließend Latein sprachen."

Im Erdkundeunterricht erklärt die Lehrerin: „Wenn wir zu Bett gehen, dann stehen die Leute in Amerika erst auf."
Da entrüstet sich Annette: „Das müssen ja sehr faule Leute sein!"

Lehrerin: „Was malst du denn da, Nadja?"
„Eine Kuh!"
„Und wo ist der Schwanz?"
„Noch im Bleistift!"

„Wenn dein Vater wüsste, wie dumm du dich immer in der Schule anstellst, würde er bestimmt graue Haare bekommen", sagt der Lehrer missbilligend zu Rolf.
„Da würde sich mein Vater sicher freuen", klärt Rolf den Lehrer auf. „Er hat nämlich eine Glatze."

„So, Andi", ärgert sich der Lehrer. „Du weißt also nicht einmal, wann der Dreißigjährige Krieg begann."
„Nein", antwortet Andi, „aber dafür weiß ich, wie lange er gedauert hat."

Im Biologieunterricht diktiert der Lehrer: „Emsig schleppen die Vögel Nahrung herbei, um die Jungen zu füttern ..."
Erstaunt unterbricht Evi den Lehrer: „... Und die Mädchen, bekommen die denn nichts?"

„Wie kommt denn der riesige Klecks in dein Heft?", tadelt der Lehrer. „Das ganze Heft ist ja verdorben!"
Robert gesteht: „Sie haben für jeden Klecks eine Seite Strafarbeit angedroht, da habe ich dann aus vier Klecksen einen gemacht."

In der ersten Klasse: „Was ist die Hälfte von vierzehn?", wird Klaus von der Lehrerin gefragt.
„Weiß ich nicht, aber viel kann es nicht sein!"

Im Biologieunterricht kommt der Lehrer auf die erstaunliche Tatsache zu sprechen, dass der Darm der Kuh 22 Meter lang ist.
„Kann sich jemand denken, wozu die Kuh einen so langen Darm braucht?", fragt schließlich der Lehrer.
Darauf antwortet Jens: „Damit er für die Würste reicht."

Moni in der ersten Klasse will das Rechnen nicht begreifen, obwohl sich der Lehrer alle Mühe gegeben hat.
„Schau mal, Moni", setzt er von Neuem an, „ich schenke

dir heute zwei Goldhamster, und morgen schenke ich dir noch mal zwei. Wie viele Goldhamster hast du dann?"
„Fünf", behauptet Moni.
„Wieso denn fünf?", stöhnt der Lehrer.
„Na, einen habe ich doch schon selbst daheim."

„Wenn es das Gesetz der Schwerkraft nicht gäbe, würden wir in der Luft herumfliegen", erklärt der Lehrer.
Da will Uli wissen: „Und wie war das vorher, als es das Gesetz noch nicht gab?"

„Unser Lehrer ist sehr fromm", erzählt Daniel daheim.
„Wieso fromm?", interessiert sich der Vater.
„Bei den meisten Antworten, die ich gebe, schlägt er die Hände zusammen und sagt: ‚Mein Gott, mein Gott!'."

Fritzchen kommt nach Hause und jubelt: „Vati, wir haben hitzefrei!"
„Lüg doch nicht, Fritzchen!", schimpft der Vater. „Es ist Winter und bitterkalt!"
„Doch", sagt Fritzchen strahlend. „Die Schule brennt!"

Der Lehrer zu Rasmus:
„Kannst du mich nicht grüßen, wenn du hineinkommst?"
Rasmus: „Klar doch, von wem?"

„Nun beweise mir mal, warum die Erde rund ist und sich um sich selbst dreht", fordert der Lehrer.
„Entschuldigen Sie, aber das habe ich nie behauptet!"

Tierische Spaßvögel

Zwei Kühe stehen auf der Weide. Plötzlich schüttelt sich die eine und sagt: „Brrrr!"
Fragt die andere: „Was hast du denn? So kalt ist es doch gar nicht."
„Nein, aber da vorne kommt der Melker mit den kalten Händen."

Ein Dieb bricht nachts in ein Haus ein. Als er gerade durch das stockfinstere Wohnzimmer schleicht, hört er eine Stimme: „Ich sehe dich, und Jesus sieht dich auch!"
Der Dieb erschrickt zu Tode, schaltet seine Taschenlampe ein und sieht auf einer Stange in der Ecke einen Papagei sitzen, der ruft: „Ich sehe dich, und Jesus sieht dich auch!"
Meint der Einbrecher erleichtert: „Hast du mich aber erschreckt. Wie heißt du denn?"
„Elfried!"
„Elfried ist doch wohl wirklich ein selten blöder Name für einen Papagei!"
Sagt der Vogel: „Na und, Jesus ist auch ein selten blöder Name für einen Rottweiler."

Ein hungriger Tiger begegnet einem Ritter in voller Rüstung und schimpft: „Mist, schon wieder Dosenfutter!"

Endlich sind die beiden Teppichverleger mit dem großen Wohnzimmer fertig. Aber der neue Teppichboden hat in der Mitte noch eine Beule. „Da liegen meine Zigaretten drunter", sagt der eine Arbeiter. „Ehe wir alles noch einmal rausreißen, treten wir die einfach platt."
Gesagt, getan.
Da kommt die Dame des Hauses herein und sagt: „Einer von Ihnen hat seine Zigaretten in der Küche liegen gelassen. Ach übrigens, haben Sie unseren Hamster gesehen?"

Strahlend sagt die Kuh zum Polizisten: „Stellen Sie sich vor, mein Mann ist auch ein Bulle!"

Ein Gast betritt eine Hotelpension auf dem Land. Dort springt ein kleiner Hund bellend an ihm hoch. Der Gast fragt den alten Portier: „Beißt Ihr Hund?"

„Nein, der beißt nicht", erwidert der Portier.
Der Gast bückt sich, um den Hund zu streicheln. Sofort beißt der Hund zu.
„Also, hören Sie mal!", ruft der Gast empört. „Sie haben doch gesagt, Ihr Hund beißt nicht!"
Darauf der Portier: „Das ist ja auch nicht mein Hund."

Zwei Faultiere hängen im Baum.
Nach zwei Monaten gähnt das eine Faultier.
Da sagt das andere: „Du machst mich ganz nervös mit deiner dauernden Hektik!"

Eine Ameise läuft über die Wiese und wird von einem Pferdeapfel getroffen. Zwei Stunden braucht sie, um sich herauszuwühlen.
„Mist", schimpft sie. „Genau aufs Auge!"

Bei Lehmanns klingelt jemand Sturm. Frau Lehmann macht auf.
Draußen steht die Nachbarin. „Ihre Katze hat meinen Wellensittich gefressen!", tobt sie.

„Vielen Dank, dass Sie mir das sagen", meint Frau Lehmann. „Ich werde ihr heute kein Abendessen mehr geben, sonst wird ihr womöglich noch schlecht!"

Ein Wurm droht seiner Freundin: „Wenn du mich nicht heiratest, dann werfe ich mich vor ein Huhn!"

„Ist der Hund auch treu?", fragt Herr Reiter den Tierhändler.
„Und wie!", erwidert der Händler. „Ich habe ihn schon mindestens zehnmal verkauft, aber er ist jedes Mal zu mir zurückgekommen."

Ein Angler gibt mächtig an: „Kürzlich habe ich in der Nordsee geangelt. Da habe ich einen Fisch gefangen. Der war so groß, ich sage dir: Als ich ihn herausgezogen habe, ist der Wasserspiegel gesunken!"
„Da hast du wohl einen Walfisch gefangen, was?", kichert der andere.
Der Angler lächelt mitleidig: „Walfische? Die nehme ich als Köder!"

„Jetzt bist du schon so alt und hast trotzdem wieder ins Nest gemacht", sagt die Taubenmama zum Taubenbaby. „Es wird endlich Zeit, dass du lernst, rüber aufs König-Ludwig-Denkmal zu gehen!"

Josef ist in der Wüste umlagert von hungrigen Löwen.
Er betet zu Gott: „Herr, bitte lass diese Löwen so gläubig sein, wie ich es bin!"
Er öffnet die Augen und sieht die Löwen im Kreis um sich herumsitzen.
Mit gefalteten Tatzen beten sie: „Komm, Herr Jesus, sei unser Gast, und segne, was du uns bescheret hast ..."

„He, Bauer!", ruft der Tourist. „Ihre Kühe springen wie verrückt im Stall herum!"
„Oh, Mist", stöhnt der Bauer. „Die Melkmaschine hat wieder mal einen Kurzschluss!"

Eine Katze und eine Maus kommen in eine Bäckerei.
Die Maus sagt: „Ich hätte gerne ein großes Stück Pflaumenkuchen mit Sahne."

„Und was darf es für Sie sein?", fragt die Verkäuferin die Katze.
Darauf die Katze: „Einen Klacks Sahne auf die Maus!"

Olli gibt seinen Fischen Wasserflöhe.
Entsetzt reißt ihm die Tante das Netz aus der Hand.
„Du Tierquäler! Wo sich Fische doch nicht kratzen können!"

Eine Giraffe und ein Häschen unterhalten sich.
Sagt die Giraffe: „Häschen, wenn du wüsstest, wie schön das ist, einen langen Hals zu haben. Das ist sooo toll! Jedes leckere Blatt, das ich esse, wandert langsam meinen langen Hals hinunter, und ich genieße diese Köstlichkeit sooo lange."
Das Häschen guckt die Giraffe ausdruckslos an.
„Und erst im Sommer, Häschen, ich sag dir, das kühle Wasser ist so köstlich erfrischend, wenn es langsam meinen langen Hals hinuntergleitet. Das ist sooo schön, einfach toll, einen so langen Hals zu haben. Häschen, kannst du dir das vorstellen?"
Sagt das Häschen: „Hast du schon mal Halsweh gehabt?"

Im Zug sagt eine Dame empört zu einem Mitreisenden: „Nehmen Sie gefälligst Ihren Köter weg, ich spür einen Floh an meinem Bein hochkrabbeln!"
Der Mann zieht daraufhin die Leine seines Hundes etwas straffer und sagt: „Komm da bloß weg, Waldi, die Dame hat Flöhe!"

Zwei Wanderer stehen plötzlich einem gewaltigen Bären gegenüber. In Windeseile reißt sich der eine die Stiefel von den Füßen, holt seine Turnschuhe aus dem Rucksack und zieht sie an.
„Was soll das denn?", fragt sein Begleiter. „Du kannst auch mit Turnschuhen nicht schneller laufen als der Bär."
„Was geht mich der Bär an, Hauptsache, ich bin schneller als du."

Lucia steht im Zoo vor dem Tigerkäfig. An den Käfigstangen hängt ein Schild: FRISCH GESTRICHEN.
„Schade", meint sie. „Und ich dachte, die Streifen wären echt."

Haarscharf zischt eine Fliege am Spinnennetz vorbei.
„Warte nur, morgen erwische ich dich", höhnt die Spinne.
„Denkste!", grinst die Fliege. „Ich bin eine Eintagsfliege."

Eine Schildkröte klettert mühsam einen hohen Baum rauf. Als sie die Krone erreicht hat, blickt sie in die Runde, springt und breitet die Beinchen auseinander. Sie prallt heftig auf dem Boden auf und macht sich sogleich wieder auf den Weg nach oben. Wieder springt und fällt sie jämmerlich auf den Boden. Das Drama wiederholt sich einige Male.
Zwei Bäume weiter sitzt ein Taubenpärchen. Meint sie zu ihm: „Ich glaube, es ist an der Zeit, ihr zu sagen, dass sie adoptiert ist ..."

Zwei Moskitos sitzen auf Robinson Crusoes Rücken.
Da schwingt sich ein Moskito in die Luft und sagt zum Abschied: „Also, tschüss! Wir sehen uns ja dann am Freitag!"

Zwei Mäusedamen gehen zusammen spazieren. Sagt die eine: „Du, ich habe einen neuen Freund. Er ist wunderhübsch. Magst du ein Bild sehen?"
Sagt die andere: „Oh ja, zeig her."
Die Mäusedame zeigt stolz das Foto.
Sagt die andere Maus: „Das ist ja gar keine Maus! Das ist ja eine Fledermaus!"
„Komisch", sagt da die Mäusedame. „Und zu mir hat er gesagt, er wäre Pilot!"

Anruf im Polizeirevier: „Hilfe, Hilfe, hier ist eine Katze im Zimmer!"
„Und deswegen rufen Sie uns an? Ja, sind Sie denn völlig durchgedreht?"
„Nein, ich bin der Papagei von Hubers, Gartenstraße 43."

Ein Düsenjäger rast an zwei Schwalben vorbei.
„Der ist aber schnell!", staunt die eine Schwalbe.
„Ist ja auch kein Wunder, wenn ihm der Hintern brennt!"

Gehen zwei Hunde in der Wüste spazieren. Meint der eine zum anderen: „Wenn nicht bald ein Baum kommt, passiert ein Unglück!"

Am Bach sagt die Schildkröte zur Kröte: „Hau ab! Hier ist doch kein FKK-Strand!"

„Willst du mal mit meinem neuen Hund spielen?"
„Er sieht gefährlich aus. Beißt er?"
„Das will ich ja gerade herausfinden."

Maus und Elefant rennen über eine Holzbrücke. Da ruft die Maus stolz dem Elefant zu: „Hörst du, wie wir trampeln?"

Auf der Almhütte morgens um halb zehn: Die ersten Touristen sind aus dem Tal heraufgestiegen.
Der Senner ruft seinem Sohn zu: „Treib die Ziegen raus, Sepp! Die Leute wollen Gämsen sehen!"

Der Elefant ist schwimmen gegangen und zieht ganz weit draußen seine Bahnen.
Da ruft die Maus vom Strand her: „Elefant, komm doch bitte mal aus dem Wasser!"
„Was soll das?", fragt der Elefant, als er endlich aus dem Wasser getrampelt kommt.
„Schon okay", erwidert die Maus. „Ich wollte bloß wissen, ob du aus Versehen meine Badehose anhast."

Maja fragt ihre Freundin: „Und, wie waren deine Ferien?"
„Na ja", antwortet Anne. „Ich wollte es mit Wellenreiten probieren, aber meinst du, ich hätte das Pferd ins Wasser gekriegt?"

Zwei Ziegen streunen auf einem stillgelegten Filmgelände herum. Die eine findet eine offene Dose mit einem herausgefallenen Filmband und knabbert daran herum.
„Und, wie ist der Film?", fragt die andere.
„Geht so. Das Buch war besser."

„Mein Hund jagt immer Leute auf dem Fahrrad."
„Und was wollen Sie dagegen tun?"
„Ich werde ihm das Fahrrad wieder wegnehmen ..."

Ein Safaribus mit Touristen fährt durch die Steppe.
„Klasse!", sagt der Löwe zu seinem Kumpel und leckt sich das Maul. „Essen auf Rädern!"

Zwei Hunde vom Land sind in der Stadt und sehen das erste Mal eine Parkuhr.
„Was ist denn das?", fragt der eine.
„Keine Ahnung. Vielleicht verlangen die von uns Klogebühren?!"

Ein Kamel und eine Kuh liegen nebeneinander im Gras.
Da sagt das Kamel: „Ich hab eine Idee: Wir machen gemeinsam eine Milchbar auf."
„Klingt gut", meint die Kuh. „Aber wie soll das gehen?"
„Na, ganz einfach: Du lieferst die Milch und ich die Hocker."

„Mein Hund ist weggelaufen!"
„Dann häng doch überall Zettel aus."
„Das bringt nichts. Er kann nicht lesen."

Zwei Hundebesitzer im Gespräch. „Meiner ist unmöglich. Ständig jagt er irgendwelchen Kleinwagen hinterher."
„Das ist doch nicht schlimm. Das machen Hunde gern."
„Ja, aber meiner fängt sie und verbuddelt sie im Garten."

Treffen sich zwei Schlangen.
„Hey! Du siehst gut aus", sagt die erste. „Hast du neuerdings eine Brille?"
„Ja. Und stell dir vor: Jetzt habe ich festgestellt, dass ich jahrelang mit einem Gartenschlauch befreundet war!"

Was sagte Mutter Sardine zu Baby Sardine, als das Unterseeboot vorbeischwamm?
„Hab keine Angst, das ist nur eine Dose Menschen!"

Zwei Flöhe spielen Lotto. Einer gewinnt 500 Euro.
„Was wirst du damit machen?", fragt der andere.
„Ich kaufe mir einen Hund. Nur für mich allein!"

Zwei Regenwürmer treffen sich im Blumenbeet.
„Was ist passiert?", fragt der eine. „Du machst so ein trauriges Gesicht."
„Meine Frau ist beim Angeln!"

Zwei Fischdamen sitzen auf einer Alge und machen sich schön.
Da fragt die eine: „Leihst du mir deinen Kamm?"
Darauf die andere: „Das könnte dir so passen. Bei deinen vielen Schuppen!"

Lisa steht mit ihrer Tante Frieda vor einer Weide. „Ein schönes Pferd ist das!", schwärmt die Tante. „So ein wunderschönes Pferd! Was meinst du wohl, was es sagen würde, wenn es sprechen könnte?"
„Ich glaube", erwidert Lisa leicht genervt, „es würde sagen: Tut mir leid, meine Liebe, aber ich bin ein Esel!"

Ein Pferd steht auf der Weide. Am Zaun hängt ein Schild: „Bitte das Pferd nicht füttern. Der Besitzer."
Darunter klebt ein kleiner Zettel: „Bitte das Schild nicht beachten. Das Pferd."

Marion liest im Tierpark das Schild: „Das Füttern der Tiere ist verboten."
Sie fragt: „Aber wovon leben die Tiere denn?"

Ein Känguru hüpft durch den Busch und kratzt sich ständig am Bauch. Schließlich verliert es die Geduld, greift in seinen Beutel und holt sein Baby heraus: „Wie oft habe ich dir schon gesagt, du sollst im Bett keinen Zwieback essen!"

Drei Mäuse laufen einer Katze über den Weg.
Zwei erschrecken furchtbar, die dritte fängt laut an zu bellen. Verwirrt läuft die Katze davon.
Da sagt die Maus, die gebellt hat, stolz zu den beiden anderen: „Seht ihr, wie gut es ist, wenn man Fremdsprachen kann?"

„Mein Bruder ist wirklich übel dran. Er hat den Zwang, Vögel zu imitieren."
„So schlimm kann das doch nicht sein. Wie äußert sich das denn?"
„Na ja, sagen wir mal so ... Sie sollten Ihr Auto nicht unterm Baum vor unserem Haus parken ..."

Im Zirkus wird das große Ereignis angekündigt: Löwe und Schaf treten gemeinsam auf.
„Gibt es wirklich keinen Ärger zwischen den beiden?", fragt ein Journalist.
„Selten, sehr selten", behauptet der Dompteur.
„Und wenn doch etwas passiert?"
„Dann kaufen wir immer ein neues Schaf."

Eine Ameise erwartet Besuch von einem Tausendfüßler. Nach einer Stunde Verspätung keucht dieser endlich zur Tür herein.
„Wo warst du denn so lange?", fragt die Ameise.
„Ach, draußen an der Tür hängt ein Schild: ‚Bitte Schuhe abputzen'."

Maus und Elefant gehen Fußball spielen. Der Elefant tritt aus Versehen auf die Maus.
„Oh! Entschuldige, das wollte ich nicht!", ruft er erschrocken.
„Geht schon okay", murmelt die Maus und rappelt sich mühsam auf. „Das hätte mir auch passieren können!"

Ein Pferd sitzt an der Milchbar. Da kommt eine Kuh herein.
Das Pferd runzelt empört die Stirn: „Seit wann kommen denn Lieferanten durch den Haupteingang?"

Im Herbst sitzen zwei Bären vor ihrer Höhle und schauen zu, wie das Laub von den Bäumen fällt.
Da sagt der erste Bär: „Irgendwann lasse ich den Winterschlaf ausfallen und schau mir den Typen an, der im Frühling die Blätter wieder anklebt."

Zwei Brüder sind im Zirkus. Gerade treten die Zebras auf.
„Guck mal, die Esel haben noch ihre Schlafanzüge an."

Zwei Igel treffen sich im Wald.
Fragt der eine: „Warum hast du denn deine Pfote verbunden?"
Darauf der andere: „Mein Rücken hat so gejuckt, und da hab ich mich mit der Pfote gekratzt."

Eine Schnecke klettert in New York an einem Wolkenkratzer hoch. Als sie im obersten Stock ankommt, öffnet ein Mann das Fenster und schubst sie hinunter. Also klettert sie wieder los und kommt nach drei Jahren erneut oben an. Wieder öffnet der Mann das Fenster.
Da ruft die Schnecke: „He! Was sollte das eben?"

Ein Hase sitzt am Straßenrand und feilt sich die Fingernägel. Da kommt ein Igel vorbei und fragt: „Was machst du da?"
„Ich schärfe meine Fingernägel und werde damit dem Fuchs die Augen auskratzen", antwortet der Hase. Der Igel staunt über den mutigen Hasen und geht weiter. Dann kommt der Fuchs vorbei und fragt den Hasen: „Was machst du da?"
„Ach", seufzt darauf der Hase, „ich sitze hier und rede dummes Zeug!"

Im Zirkus ruft der Dompteur der Löwengruppe: „Wer traut sich zu mir in den Löwenkäfig?"
„Ich!", ruft Henning. „Aber lassen Sie vorher die Löwen raus."

Mama Tausendfüßler geht mit ihrem Sohn ins Schuhgeschäft.
Da sagt der Kleine: „Mami, bitte, bitte ... Ich möchte diesmal keine Schuhe mit Schnürsenkeln!"

Der Schüler einer Reitschule reitet ein Hindernis an. Das Pferd verweigert, und der Schüler fliegt in hohem Bogen über den Kopf des Pferdes.
„Na prima", ruft der Reitlehrer. „Das nächste Mal brauchst du nur noch das Pferd mitzunehmen!"

„Warum mögen Sie Katzen?"
„Weil sie nicht bellen."

Cowboy: „Du hast wirklich ein intelligentes Pferd, Joe!"
Joe: „Ach, alles halb so wild! Kürzlich war ich krank, und da hab ich den Gaul losgeschickt, er sollte den Arzt holen … Weißt du, mit wem er zurückkam? Mit dem Tierarzt!"

Zwei Kühe stehen auf der Weide. Die eine schüttelt sich heftig.
Darauf fragt die andere Kuh: „Was machst du denn da?"
„Ich habe doch heute Geburtstag und krieg Kaffeegäste. Da mach ich schon mal die Sahne."

Im Zirkus tanzt eine Katze auf den Vorderbeinen und singt, ein kleiner Hund begleitet sie dabei auf dem Klavier.
Das Publikum ist begeistert, nur Ralf macht ein zweifelndes Gesicht.
„Was ist denn?", fragt sein Freund.
„Katzen können gar nicht singen."
„Wieso? Woher soll denn die Stimme kommen?"
„Der Hund ist bestimmt ein Bauchredner", meint Ralf.

„Unser Kanarienvogel hat Benzin gesoffen!"
„Und?"
„Er flog dreimal durchs Zimmer, dann stürzte er ab."
„War er tot?"
„Nee, das Benzin war alle."

Zwei Goldfische sitzen auf einem Baum und stricken. Da fliegen zwei Elefanten vorbei.
Sagt der eine Goldfisch: „Ja, fliegen müsste man können."

Papi und Mami sind fortgegangen, und der kleine Fuchs hockt allein vor seinem Bau.
Da kommt der Hase vorbei, sieht den Kleinen und fragt:
„Ist dein Papa da?"
„Nein."
„Ist deine Mami da?"
„Auch nicht."
„Ist dein großer Bruder da?"
„Nein."
„Willst du eine Ohrfeige?"

Ein Mann läuft mit einem Pinguin auf dem Arm durch die Stadt.
Ein Passant staunt: „Wo haben Sie denn den her?"
Der Mann: „Ist mir so zugelaufen. Was meinen Sie, was soll ich mit ihm machen?"
Passant: „Ich würde mit ihm in den Zoo gehen!"
Nach ein paar Stunden treffen sich die drei wieder.
Mann: „Das mit dem Zoo war eine gute Idee! Und jetzt gehen wir ins Kino!"

Herr Zöller hat Besuch von einem alten Bekannten.
Plötzlich kommt Zöllers Hund ins Zimmer und bittet: „Kannst du mir die Zeitung geben?"
Sein Freund ist wie vom Donner gerührt: „Das ist ja unglaublich!"
Zöller meint: „Ach was, der alte Angeber kann doch gar nicht lesen. Der guckt sich bloß die Bilder an."

Schlurfen zwei Schnecken die Straße entlang.
Sagt die eine: „Nimm's Gas weg. Da vorne ist eine Radarfalle."

Zwei Kühe unterhalten sich über eine dritte Kuh.
„Sag mal, warum ist denn die Olga so mager geworden?"
„Weil sie abergläubisch ist. Sie frisst nur noch vierblättrigen Klee."

Im Wartezimmer sitzt eine Dame mit einem Papagei auf dem Schoß.
Arzthelferin: „Sie sind hier nicht beim Tierarzt, sondern beim Psychiater!"
Dame: „Weiß ich, weiß ich! Ich komme ja auch wegen meines Mannes. Er bildet sich ein, ein Papagei zu sein."

Susanne geht mit dem kleinen Stefan durch den Wald. Der entdeckt eine Ringelnatter und ruft: „Susanne, schau mal, dort wedelt ein Schwanz ohne Hund."

An der Grenze hält ein großer Lkw.
Zöllner: „Haben Sie etwas zu verzollen?"
Fahrer: „Nein, nichts."

Der Zöllner geht misstrauisch um den Laster herum, hebt die Plane hoch und entdeckt einen Elefanten, an dessen Ohren jeweils ein halbes Brötchen klebt.
Zöllner: „Erlauben Sie mal, Sie können doch nicht einfach einen unverzollten Elefanten über die Grenze bringen."
Fahrer: „Was? Ich werde mir doch wohl noch ein belegtes Brötchen mitnehmen dürfen!"

Der kleine Holzwurm bittet: „Mama, bitte kein Teakholz, das ist so hart!"
Mutter: „Iss, Kind, das ist gut für die Zähne."

Sagt die Holzwurmmutter am Abend zu ihren Kindern: „Und nun husch, husch ins Brettchen."

Eine Dame kauft einen Trinknapf für ihren Hund.
Der Verkäufer fragt, ob sie vielleicht eine Aufschrift wünsche: „Für Fiffi".
Dame: „Nicht nötig, mein Mann trinkt kein Wasser, und der Hund kann nicht lesen."

„Was ist dein Vater?"
„Dompteur."
„Und mit welchen Tieren arbeitet er?"
„Also, angefangen hat er mit einem Flohzirkus. Als er kurzsichtig wurde, arbeitete er mit Pudeln, und jetzt dressiert er Elefanten."

Das Telefon bimmelt. Der Hund hebt ab und meldet sich: „Wau!"
„Bitte?", fragt die Stimme am anderen Ende der Leitung.
Der Hund wiederholt: „Wau!"
„Wer ist dort?"
„Wau! W wie Wilhelm, A wie Anton, U wie Ulrich!"

Ein Mann hat eine Autopanne.
Ein Pferd hinter dem Zaun ruft ihm zu: „Es liegt am Vergaser!"
Der Mann läuft erschrocken davon. Er findet eine Tankstelle und erzählt dort von seinem Erlebnis.
Der Tankwart fragt: „War das etwa drei Kilometer von hier?"
Der erschütterte Mann nickt.

„Und war das Pferd so ein alter Schimmel mit gestutztem Schwanz?"
Der Mann nickt wieder.
Sagt der Tankwart: „Ach so. Lassen Sie sich von dem Gaul keine Geschichten erzählen. Von Vergasern hat der nämlich keine Ahnung."

„Es gibt Hunde", sagt Andy, „die sind intelligenter als ihr Herrchen."
„Das stimmt", sagt Tommi. „So einen hab ich auch mal gehabt."

„Haben Sie die Blutegel-Kur gemacht?", fragt Doktor Braun.
„Ja", sagt Frau Hirnmoser. „Ich hab sie weichgekocht. Roh hätte ich sie nicht runtergekriegt."

Junge: „Was ist ein Rotkehlchen?"
Schwester: „Ach, irgend so ein verrückter Fisch!"
Junge: „Hier steht aber: ,Hüpft von Ast zu Ast.'"
Schwester: „Da siehst du, wie verrückt der ist!"

Kommt ein Holzwurm nach Hause und sagt zu seiner Frau: „Du, heute ist eine Holzladung aus Hongkong angekommen. Gehen wir chinesisch essen?"

„Wieso schreibst du ‚Warnung vor dem Hund' an deine Gartentür? Das bisschen Hund da ist doch nicht viel größer als eine Maus!"
„Drum schreib ich's ja hin. Damit mir keiner drauftritt!"

Ein Mann und ein Hund spielen im Park Schach.
Passant: „Sie haben aber einen klugen Hund!"
Mann: „Wieso? Er verliert doch dauernd."

„Wie kann man Schlangen unterscheiden?"
„Ganz einfach: an den Augen. Sieht sie gut, ist es eine Seeschlange. Ist sie kurzsichtig, ist es eine Brillenschlange. Sieht sie überhaupt nicht, ist es eine Blindschleiche."

Ein Mann kauft einen Schäferhund.
Neuer Besitzer: „Mag der Hund auch kleine Kinder?"
Verkäufer: „Ja, aber es ist billiger, wenn Sie ihm Hundekuchen kaufen."

Im Zoo ist ein Arbeitsplatz frei. Man sucht einen Wärter für besonders giftige Schlangen. Emil meldet sich.
„Tut mir schrecklich leid", sagt der überaus freundliche Direktor. „Vor fünf Minuten haben wir bereits jemanden eingestellt. Aber wenn Sie vielleicht morgen wieder vorbeischauen möchten …"

Treffen sich zwei Holzwürmer.
„Und wie geht's deinem Bruder?", fragt der eine.
„Ach, ganz gut", sagt der andere. „Er frisst sich so durch."

Ein Pfarrer will sich im Wilden Westen ein Pferd kaufen.
Händler: „Kaufen Sie diesen Rappen. Er rennt bei ‚Gott sei Dank' los und bleibt bei ‚Amen' stehen."

Der Pfarrer kauft das fromme Tier und reitet los. Nach einiger Zeit galoppiert das Pferd auf eine gefährliche Schlucht zu.
Der Pfarrer betet verzweifelt ein ‚Vaterunser'. Beim ‚Amen' bleibt das Pferd tatsächlich kurz vor der Schlucht stehen.
Sagt der Pfarrer erleichtert: „Na, Gott sei Dank!"

Zwei kleine Igel finden eine Pfütze und schnuppern dran. Es ist Bier!
Sie lassen sich richtig volllaufen und fühlen sich total stark.
„Warte", lallt der eine. „Wenn jetzt so ein idiotischer Laster kommt, dann leg ich mich aber auf die Straße und schlitz ihm die Reifen auf."

Der Osterhase bringt mit wichtiger Miene ein Straußenei in den Hühnerstall.
„Meine Damen, ich möchte Ihnen nur mal zeigen, was woanders geleistet wird!"

„Wenn ich hier einfach über die Wiese laufe, schaffe ich dann noch den Sieben-Uhr-Zug?", fragt Josef den Bauern, der gerade die Kühe melkt.
„Bestimmt", sagt der. „Und wenn dich mein Bulle sieht, schaffst du sogar noch den Sechs-Uhr-Zug."

Ein Student spielt in seinem Nebenjob den Gorilla im Zoo. Der echte Gorilla ist gestorben, und die Besucher sollen nichts merken.
Der Student macht seine Sache richtig gut, aber eines Tages schwingt er mit der Liane zu weit und landet nebenan im Löwenkäfig.
Zu Tode erschrocken brüllt er: „Hilfe, zu Hilfe!"
Brummt der Löwe: „Sei still, du Idiot! Sonst verlieren wir noch beide unseren Job!"

Die Surfer flitzen über die blauen Fluten der Südsee-Bucht.
Unter Wasser lecken sich die Haifische die Lippen. „Toll", sagen sie. „Jetzt servieren sie uns den Imbiss schon auf Frühstücksbrettchen mit Serviette!"

Prädikat: witzig!

Beim Schulschwimmen planscht Lukas mit einer dicken Backe im Hallenbad-Becken herum.
„Hast du Zahnschmerzen?", fragt ein Mitschüler.
„Nein", nuschelt Lukas. „Das letzte Mal ist mir aus dem Duschraum die Seife geklaut worden. Heute passiert mir das nicht!"

„Wieso kommst du denn so früh aus der Schule heim? Hat man dich nach Hause geschickt?"
„Ja, weil der Michael im Pausenhof neben mir geraucht hat."
„Und warum schickt man dich dann nach Hause?"
„Weil ich ihn angezündet habe."

Sagt die eine Mutter: „Meine Lucy erzählt zu Hause überhaupt nichts von der Schule. Ich finde das sehr schade."
„Seien Sie nur froh", sagt die andere. „Jutta erzählt mir alles. Seitdem kann ich keine Nacht mehr ein Auge zutun!"

Willi hat in der Pause gerauft und kommt mit einem blauen Auge nach Hause.
„Hat man dir über dein Auge einen kalten Umschlag gemacht?", fragt die Mutter besorgt.
„Nein, nur dumme Witze!"

Ein Mädchen geht an zwei Jungs vorbei. Der eine Junge sagt zum anderen: „Hast du gesehen? Sie hat mich angelächelt!"
Meint der andere: „Na und? Als ich dich das erste Mal sah, habe ich die ganze Woche gelacht!"

„Gehst du gern zur Schule?", fragt Oma.
„Ja, ich gehe sehr gern zur Schule und auch gern wieder nach Hause. Aber den Teil dazwischen mag ich weniger."

„Als ich auf die Realschule kam, war ich meinen Klassenkameraden weit voraus", gibt Vater an.
„Stimmt. Die waren erst zehn, und du warst schon dreizehn."

„Stefan", sagt der Lehrer. „Was tust du? Lernst du etwas?"
„Nein, ich höre Ihnen zu."

„Michi, warst du auch recht brav in der Schule?", fragt Oma.
„Klar, was soll man schon anstellen, wenn man den ganzen Vormittag in der Ecke stehen muss!"

Der erste Schultag ist vorbei, und Chrissie kommt frustriert nach Hause.
„Na, wie war's?", fragt Mama.
„Tote Hose. Nichts darf man. Nicht spielen, nicht reden, nicht herumlaufen. Aber das Schlimmste kommt noch: Morgen muss ich noch mal hin!"

Die Familie sitzt beim Mittagessen.
„Na, wie war's in der Schule?", fragt Mama.
„Sag mal, suchst du schon wieder Streit?", faucht Anja.

„Hast du heute viele Hausaufgaben?", fragt Mama.
„Oh ja, und du hilfst mir dabei, oder?", sagt Elli.
Dann sitzen sie und arbeiten und arbeiten … und es wird immer später.
„So", seufzt Elli schließlich. „Jetzt können wir endlich mit den Hausaufgaben anfangen."
„Oh Gott", ruft Mama. „Und was haben wir bis jetzt gemacht?"
„Die Strafarbeiten!"

„Wo ist dein Zeugnis?", fragt die Mutter neugierig.
„Ach, ich habe es Michael geborgt, der will seinen Eltern damit einen Schreck einjagen."

Der Vater nimmt sich die Zeit, seine Söhne zu kontrollieren.
„Wie läuft es in der Schule? Wo steht ihr? Seid ihr fleißig?"
Robbi: „Ich bin der Erste in Englisch."
Dennis: „Ich der Erste in Deutsch."
„Und ich der Erste in Mathe", sagt Sören.
„Und du, bist du auch Erster?", wird Finn gefragt.
„Aber natürlich, ich bin der Erste, der sitzenbleibt."

Kevin kommt sehr spät aus der Schule.
Die Mutter fragt, wo er so lange gewesen ist.
„Ich musste Überstunden machen."

Gut gelaunt fragt der Vater: „Na, wie viele Matheaufgaben hast du heute wieder falsch gerechnet?"
„Nur eine", antwortet Chris.
„Das ist sehr erfreulich", stellt der Vater fest. „Und wie viele waren aufgegeben?" „Zehn", antwortet Chris.
„Die anderen waren alle richtig?"
„Aber wo denkst du hin, mit denen habe ich gar nicht erst angefangen."

Diana geht in die erste Klasse.
„Na, kennst du schon das Abc?", fragt die Nachbarin.
„Was denken Sie denn, das kann ich schon bis hundert!"

Ferdi betet: „Lieber Gott, du kannst ja alles, darum mache Rom zur Hauptstadt von Frankreich, denn das habe ich heute in meiner Erdkundearbeit geschrieben."

„Papa, ich möchte bitte zwanzig Euro haben."
„Immer willst du haben. Denk doch auch mal ans Geben!"
„Also gut, gib mir zwanzig Euro!"

Maik ist begeistert von seiner ersten Englischstunde: „Mutti, jetzt kann ich schon ‚Bitte', ‚Danke' und ‚Guten Tag' in einer fremden Sprache sagen."
„Toll, auf Deutsch konntest du das bisher noch nicht."

Eine Schulklasse ist auf einer Wanderung. Sie begegnen einem Landschaftsmaler.
Eva erklärt: „Seht ihr, so muss man sich herumquälen, wenn man seinen Fotoapparat vergessen hat."

Interessiert erkundigt sich der Vater: „Na, mein Junge, wie war es heute im Chemieunterricht?"
„Gar nicht langweilig", erzählt Max. „In Chemie haben wir heute gelernt, wie man Sprengstoff herstellt!"
„Und was habt ihr morgen in der Schule?"
„Welche Schule?"

„Wenn du es schaffst, in die nächste Klasse zu kommen, machen wir eine schöne Reise miteinander", verspricht der Vater.
Emil freut sich, beugt aber gleich vor: „Nun ja, aber zu Hause ist es doch auch ganz schön."

Karin sagt zu ihrer Mutter: „Ich möchte heute zu Hause bleiben. Ich fühle mich nicht wohl."
„Wo denn, mein Kind?", fragt die Mutter.
„In der Schule."

„Na, Sabine, wie gefällt es dir in der Schule?", fragt Oma.
„Ach, nicht besonders", sagt die Schulanfängerin. „Der ganze Vormittag geht mir verloren."

„Du kannst sagen, was du willst!", tobt die Schwester. „Das geht bei mir zum einen Ohr rein und zum anderen raus!"
„Ist mir klar", sagt der Bruder. „Es ist ja nichts dazwischen!"

In der großen Pause geben die Schüler mit ihren Vätern an.
„Mein Vater", sagt der eine, „hat das Loch für den Bodensee gegraben!"
„Und meiner", sagt der andere, „hat das Tote Meer erschlagen."

„Hast du gehört? Unser Direktor ist gestorben!"
„Ja, und ich frage mich die ganze Zeit, wer da mit ihm gestorben ist."
„Wieso mit ihm?"
„Na, in der Anzeige stand doch: Mit ihm starb einer unserer fähigsten Mitarbeiter …"

Zwei Schuljungen unterhalten sich: „Was nehmt ihr denn gerade durch?"
„Das Kapital von Karl May."
„Aber das ist doch nicht von Karl May, sondern von Karl Marx!"
„Ach so, deshalb! Wir sind schon auf Seite 200, und noch immer keine Indianer."

„Ich habe gehört, dein Freund Willi kann morgen nicht mit dir in die Schule gehen. Er hat die Windpocken, und die sind ansteckend", berichtet die Mutter.
„Oh, prima", begeistert sich Alexander. „Darf ich ihn gleich mal besuchen?"

„Sag mal, Ben, wieso isst du den Apfel ganz allein auf? Warum kriegt dein kleiner Bruder gar nichts davon?"
„Doch, der kriegt auch was davon. Der kriegt sogar alle Kerne. Die kann er einpflanzen. Und wenn er mal groß ist, dann hat er einen ganzen Baum voller Äpfel!"

Der Lehrer fragt: „Wo wurde der Friedensvertrag von 1918 unterschrieben?"
Nach längerem Nachdenken antwortet Sven: „Unten rechts!"

Herr Meier seufzt entnervt: „Ich habe im Lotto schon wieder keine einzige Zahl richtig."
Darauf sein Sohn: „Tröste dich, Papa, mir ging es in der Rechenarbeit ganz genauso."

„Warum weint dein kleiner Bruder?"
„Heute gab es Osterferien, und er hat keine bekommen."
„Aber warum das denn?"
„Weil er noch nicht zur Schule geht!"

„Ich will nicht in die Schule!"
„Aber du musst in die Schule!"
„Die Schüler mögen mich nicht, die Lehrer hassen mich, der Hausmeister kann mich nicht leiden, und der Busfahrer kann mich nicht ausstehen."
„Reiß dich bitte zusammen! Du bist jetzt 45 Jahre alt und der Direktor! Du musst in die Schule!"

Die Mutter ist entsetzt. Gerade hat sie von ihrem Sohn auf der Straße einen besonders unschönen Satz gehört.
„So etwas sagst du mir aber nie wieder", stellt sie ihn zur Rede.
„Aber Mami, das ist doch ein Zitat von Schiller!"
„Dann wirst du ab sofort mit diesem Schiller nicht mehr spielen!"

Die kleine Meike kommt von der Schule nach Hause.
„Gibt's was Neues?", fragt die Mutter interessiert.
„In der Schulaufgabe eine Vier und im Aufsatz eine Fünf", berichtet Meike mit hängendem Kopf.
„Ich habe dich gefragt, ob es etwas Neues gibt!"

Der Vater tobt, die Mutter weint, die Tochter schweigt verstockt.
„Das darf doch wohl nicht wahr sein!", wettert der Vater. „Jetzt hast du die Prüfung schon wieder nicht bestanden!"
Die Tochter zuckt die Achseln. „Was kann ich denn dafür, wenn diese Idioten genau dieselben Fragen stellen wie letztes Jahr."

Der Vater ist sehr von Joachim enttäuscht: „Ich hatte dir sogar ein Auto versprochen, wenn du das Abitur bestehst, und trotzdem bist du jetzt durchgefallen. Was hast du nur die ganze Zeit getan?"
„Ich habe den Führerschein gemacht."

Der Vater stellt seinen Sohn zur Rede: „Soeben habe ich von deinem Lehrer erfahren, dass du der Schwächste in deiner Klasse bist."
„Musst nicht alles glauben, Papa", antwortet der Sprössling. „Immerhin bin ich der Einzige, der den Globus tragen kann."

„Du, Papi", sagt der Sohn nachmittags zu Hause, „ich war im Biologieunterricht der Einzige, der sich gemeldet hat!"
Darauf der Vater: „Na prima, mein Junge, was wollte der Lehrer denn wissen?"
Franz: „Wer von uns ein paar Läuse in die Schule mitbringen kann!"

„28 Fehler, Timo! Kannst du mir erklären, wie auf eine einzige Seite deiner Hausaufgaben 28 Fehler kommen konnten?"
„Das kann ich mir auch nicht erklären. Der Schulranzen war jedenfalls die ganze Nacht über verschlossen in meinem Zimmer."

Im Schulsekretariat klingelt das Telefon, und eine Stimme sagt: „Ich möchte den Schüler Peter heute vom Unterricht entschuldigen, er hat eine Erkältung!"
„Und mit wem spreche ich?", will die Sekretärin wissen.
„Mit meinem Großvater!"

Die Schulklasse ist zusammen mit ihrem Lehrer fotografiert worden. Der Lehrer empfiehlt seinen Schülern, sich Abzüge machen zu lassen.
„Stellt euch vor, wie nett es ist, wenn ihr nach dreißig Jahren das Bild wieder zur Hand nehmt und sagt: Ach, das ist ja der Paul, der ist jetzt auch Lehrer, und das ist doch Fritz Lehmann, der ist Bäcker geworden, und da steht doch der Heiner, der ist nach Amerika ausgewandert ..."
Da ertönt aus der letzten Reihe eine Stimme: „Und das war unser Lehrer, der ist schon lange tot!"

Lehrer: „Oliver, was kannst du uns über die Inseln im Mittelmeer erzählen?"
Oliver: „Die Inseln sind alle größer oder kleiner als Sizilien."

Lehrer: „Paul, bilde einen Satz mit ‚Pferd' und ‚Wagen'!"
„Das Pferd zieht den Wagen."
„Gut, und nun die Befehlsform!"
„Hü!"

„Was halten Sie als Lehrer davon, dass immer jüngere Schülerinnen sich schminken?"
„Das ist schon in Ordnung, die heulen dann wenigstens nicht, wenn man schlechte Noten verteilt."

Lehrer: „Der Briefträger läuft 12 km/h und der Dackel 16 km/h, die Entfernung beträgt 50 Meter. Wann überholt der Dackel den Briefträger? Löst das Problem zeichnerisch."
Der Schüler meint ratlos: „Ich kann aber keinen Dackel zeichnen ..."

Lehrerin: „Wenn ich sage ‚Ich bin krank' – was ist das für eine Zeit?"
Max: „Eine sehr schöne Zeit!"

Lehrer: „Hört mal! Es gibt zwei Wörter, die ich nie mehr von euch hören will. Das eine ist ‚supergeil‘, und das andere ist ‚saudoof‘!"
Ein Schüler meldet sich: „Geht in Ordnung. Wie heißen die beiden Wörter?"

Lehrer: „Ich bitte um zwei Sekunden Aufmerksamkeit, Juliane liest ihre Hausaufgaben vor!"

Christine ist neu in der Schulklasse, und die Lehrerin überlegt: „Ich könnte wetten, dass ich dein Gesicht schon irgendwo anders gesehen habe."
„Das ist unmöglich", widerspricht Christine. „Ich trage mein Gesicht immer an derselben Stelle."

Ein Lehrer hält eine Unterrichtsstunde über die Blutzirkulation ab. Um es ein wenig besser zu erklären, sagt er: „Wisst ihr, wenn ich einen Handstand machen würde, würde das Blut in meinen Kopf laufen, und mein Gesicht würde rot werden."
„Aha", sagen die Schüler.

„Aber warum läuft mir das Blut nicht in die Füße, wenn ich ganz normal aufrecht stehe?"
Ein Junge ruft: „Weil Ihre Füße nicht leer sind."

„Du", sagt Frau Kammermeier zu Herrn Kammermeier, „unser Christian ist heute wirklich krank."
„Woran merkst du das?"
„Er jammert über Bauchweh, obwohl heute gar keine Schule ist."

Die Lehrerin erklärt der Klasse, dass man nicht ‚er tut singen' sagt, sondern ‚er singt', und dass man auch bei allen anderen Verben das ‚tut' weglässt.
Darauf meldet sich Nils und sagt: „Frau Meier, darf ich nach draußen? Mein Bauch weht ...!"

Vor einer Schule befindet sich für Autofahrer ein Verkehrszeichen mit dem Hinweis: „Bitte auf Schulkinder achten!"
Mit kindlicher Schrift ist darunter gekritzelt: „Warten Sie auf die Lehrer!"

Ein Deutschlehrer im Restaurant. Er zeigt dem Ober die Speisekarte, wo ‚Omelet' geschrieben steht, und meint: „Omelett mit zwei ‚t'!"
Der Ober geht in die Küche und ruft: „Ein Omelett und zwei Tee …!"

Elternsprechstunde. Noch bevor die Lehrerin mit Frau Mangold über deren Sprössling sprechen kann, sagt die: „Bitte geben Sie meinem Max keine Rechenaufgaben mehr auf, in denen eine Flasche Bier nur 30 Cent kostet. Mein Mann konnte vor Aufregung die ganze Nacht nicht schlafen."

Lehrer: „Also, ich lege hier ein Zwei-Euro-Stück in Schwefelsäure. Wie lange wird die Säure brauchen, um die Münze aufzulösen?"
Schüler: „Die Schwefelsäure kann die Münze gar nicht auflösen!"
Lehrer: „Sehr gut! Woher weißt du das?"
Schüler: „Weil Sie sonst nicht Ihr eigenes Geldstück verwendet hätten!"

Der Deutschlehrer fragt Britta: „Was ist das für ein Fall, wenn du sagst: Das Lernen macht mir Freude?"
Britta überlegt nicht lange: „Ein seltener Fall, Herr Lehrer."

Die Schüler sollen im Kunstunterricht einen Engel malen. Der Lehrer schaut sich nach einiger Zeit die Ergebnisse an.
„Aber Alex, dein Engel hat ja sechs Zehen!"
„Na und? Haben Sie schon mal einen Engel mit fünf Zehen gesehen?"

Müller wartet vor der Schule auf seine Tochter. Eine Lehrerin kommt vorbei und fragt: „Erwarten Sie Ihr Kind?"
„Nein", antwortet Müller. „Ich bin immer so dick."

Der neue Pfarrer stellt sich der Klasse vor: „Ich leite ab sofort diese Gemeinde. Ihr seid nun alle meine Schafe."
Zwischenruf aus der letzten Reihe: „Und Sie sind also unser Leithammel!"

Fragt die Lehrerin in der Geschichtsstunde den Fritz, der einige Zeit krank war: „Fritz, wie lange hast du denn gefehlt?"
Antwort: „Seit dem Dreißigjährigen Krieg."

Ein Schüler geht unvorbereitet in die Klassenarbeit. Vor Abgabe des Aufsatzes kritzelt er noch einen Satz auf das leere Blatt: „Gott weiß alles, ich weiß nichts."
Auf seiner korrigierten Arbeit steht: „Gott 1, du 6."

Clara in der Rechenstunde: „Herr Vogel, jetzt habe ich die Aufgabe schon achtmal kontrolliert."
„Gut, Clara", lobt der Lehrer. „Was hast du denn herausbekommen?"
„Wollen Sie alle acht Ergebnisse wissen?"

Mathias heult am Morgen los: „Ich gehe nicht in die Schule! Immer wenn die Lehrer nicht mehr weiterwissen, fragen sie mich!"

Das Aufsatzthema lautet „Was tue ich, wenn ich einmal reich werde?"
Anne gibt ein leeres Blatt ab.
Der Lehrer sagt: „Anne, da steht ja nichts drauf. Was soll denn das?"
„Na, wenn ich mal reich werde, schreibe ich garantiert keine Aufsätze mehr."

Fragt der Lehrer seine Schüler: „Wie stellt ihr euch die ideale Schule vor?"
„Geschlossen!", tönt es im Chor.

Marianne aus der ersten Reihe fragt: „Herr Lehrer, ist der Stille Ozean eigentlich den ganzen Tag still?"
Lehrer: „Frag doch bitte mal etwas Vernünftiges!"
Marianne: „Woran ist eigentlich das Tote Meer gestorben?"

Lehrer: „Wie kommt es, dass deine Hausaufgaben in letzter Zeit ohne Schreibfehler sind?"
Schüler: „Mein Vater ist verreist!"

Lehrer im Erdkundeunterricht zu Rudi: „Komm an die Landkarte, und zeig uns, wo Amerika liegt!"
Rudi zeigt auf einen Erdteil.
„Sehr schön. Und wer hat Amerika entdeckt?"
„Rudi!!!", ruft die ganze Klasse.

In Erdkunde prüft die Lehrerin ihre Schulklasse: „Was ist näher: der Mond oder China?"
Christoph in der ersten Bank meint: „Ich glaub, der Mond ist näher, denn den sehe ich manchmal, China nie ..."

„Was geschah 1749?", fragt die Lehrerin.
„Da wurde Goethe geboren."
„Sehr richtig, Mathias. Und was geschah 1759?"
„Da hatte er seinen 10. Geburtstag."

In der Geschichtsstunde.
Der Lehrer sagt zu dem Faulsten in der Klasse: „Was kannst du mir über Karl den Vierten erzählen?"
„Er starb, und nach ihm kam Karl der Fünfte."

In der ersten Schulstunde sollen sich alle Schüler vorstellen.
„Ich heiße Sepp", meint der erste.
„Das heißt Josef", verbessert ihn der Lehrer.
„Hannes", sagt der zweite.
„Johannes", korrigiert der Lehrer wieder.
„Na, und was ist dein Name?", fragt er den dritten Schüler.
„Jokurt."

In der Pause streiten sich zwei Jungs.
„Du bist ein Kamel!"
„Du bist ein noch größeres Kamel!"
Da kommt der Lehrer dazu und sagt: „Ihr habt wohl vergessen, dass ich auch noch da bin!"

Die Lehrerin: „Wenn ich sage ‚Ich bin schön gewesen', dann spreche ich in der Vergangenheitsform. Wenn ich nun aber sage ‚Ich bin schön', was ist das?"
„Eine Lüge!", platzt Felix heraus.

Der Biolehrer erklärt: „Es gibt viele Finkenarten. Da haben wir zum Beispiel den Distelfink. Wer kann mir noch eine Art nennen?"
Sagt Peter: „Buchfink!"
Der Lehrer lobt: „Sehr gut! Nun, Paul, bist du an der Reihe!"
Antwortet Paul: „Schmutzfink, Herr Lehrer!"

Der Lehrer wartet mit seiner 3. Klasse auf einen Zug. Nachdem sie eine Stunde am Bahnsteig herumgestanden haben, sagt der Lehrer: „Also, den nächsten Zug nehmen wir. Auch wenn 1. oder 2. Klasse draufsteht!"

Der Lehrer schreibt 2:2 = ? an die Tafel.
Keiner meldet sich. Schließlich hebt Roman die Hand und sagt: „Unentschieden!"

Der Lehrer möchte wissen: „Welche vier Worte werden in der Schule am häufigsten gebraucht?"
Frank: „Das weiß ich nicht."
„Richtig."

Der Deutschlehrer trägt vor: „Ich gehe, du gehst, er geht, wir gehen, ihr geht, sie gehen. Uwe, kannst du mir sagen, was das bedeutet?"
„Tja, ich würde sagen, nun sind alle weg."

Der Lehrer verliert die Geduld mit seiner Klasse und sagt: „Wer von euch glaubt, er sei dumm, der steht jetzt auf."
Ausgerechnet der Klassenbeste steht auf.
Erstaunt fragt der Lehrer: „Du glaubst von dir, dass du dumm bist?"
„Nein, aber ich kann Sie doch nicht alleine stehen lassen!"

Beim Wandertag sieht die Schulklasse Schwäne auf einem See.
Fragt die Lehrerin: „Na, hättet ihr auch gerne so lange Hälse?"
Antwortet Jens: „Beim Waschen nicht, beim Diktat schon!"

„Wenn man einem Lehrer begegnet, dann nimmt man seine Mütze ab", ermahnt der Lehrer.
„Ich habe aber meine Mütze nicht bei mir", antwortet Daniel.
„Die hast du doch auf dem Kopf!"
„Nee, die gehört meinem Bruder!"

„Es gibt direkte und indirekte Steuern", erklärt der Lehrer seiner Klasse. „Die Einkommenssteuer ist eine direkte Steuer. Nennt mir jetzt eine indirekte Steuer."
„Die Hundesteuer!", tönt es aus der vorletzten Bank.
„Wieso das denn?"
„Sie wird nicht direkt vom Hund bezahlt!"

„Jörg", fragt der Deutschlehrer, „was meint man mit der inneren Stimme des Menschen?"
„Das Magenknurren."

„Du bist eine geschlagene Stunde zu spät", ermahnt der Lehrer den Viertklässler.
„Und? War irgendwas Besonderes los?"

Abgehetzt stürmt David in die Klasse.
„Warum kommst du denn schon wieder zu spät?", will die Lehrerin wissen.
„Ich habe verschlafen."
„Was, zu Hause schläfst du auch?"

50-mal muss Jochen den Satz „Ich soll meine Lehrerin nicht duzen" zu Papier bringen. Doch als er sein Heft abliefert, hat er den Satz sogar 100-mal geschrieben.
„Wieso hast du das denn doppelt so oft geschrieben?", will die Lehrerin wissen.
„Ach, weil du's bist", antwortet Jochen strahlend.

Aufregung in der Schule: Der Schulrat wird erwartet, und der Lehrer ermahnt seine Schüler. Ganz wichtig sei es, den Herrn Schulrat auf keinen Fall zu duzen, sondern mit „Sie" anzusprechen, bläut er den Kindern ein. Der Schulrat kommt, setzt sich ins Klassenzimmer und verfolgt wohlwollend den Unterricht. Schließlich möchte er den Kindern auch noch einige Fragen stellen und pickt sich den neunjährigen Alexander heraus:
„Nenne mir doch bitte das achte Gebot."
„Sie sollen nicht stehlen, Herr Schulrat!"

Wunderbare Witzparade

Eva ist bei ihrer Freundin Gabi zu Besuch.
„Wer ist denn der alte Herr mit dem langen weißen Bart, der an eurem Küchentisch sitzt?", fragt Eva.
„Das ist kein alter Herr mit Bart", erwidert Gabi. „Das ist unsere Tante Emma, die gerade Spaghetti isst!"

Eine Stecknadel und eine Nähnadel schwimmen um die Wette. Die Stecknadel gewinnt.
Darauf die Nähnadel zickig: „Kein Wunder, dass du gewonnen hast. Ich hatte ja auch Wasser im Öhr!"

Ralf sagt zu seinem Vater: „Wenn ich groß bin, werde ich Politiker."
Sein Vater ist entsetzt: „Kommt gar nicht in Frage! Ich will, dass du einen anständigen Beruf ergreifst!"

Ein Bauer erzählt seinem Freund: „Stell dir vor, kürzlich bin ich mit meinem Trecker in eine Radarfalle gefahren!"
Fragt der Freund: „Und? Hat's geblitzt?"
„Nein, gescheppert!"

Elke bettelt seit Wochen: „Ich hätte gern ein Pony! Ach, wenn ich doch ein Pony hätte! Ein Pony wär das Größte!"
Entnervt seufzt endlich die Mutter: „Okay, okay ... Morgen gehen wir zum Friseur. Der soll dir einen schneiden."

Micha und Felix benehmen sich mal wieder unmöglich.
Ihre Mutter schnappt sich die beiden Streithähne und meint: „Zum Muttertag wünsche ich mir zwei anständige Söhne."
„Super!", brüllt Micha. „Dann sind wir ja zu viert!"

Herr Krause, seit 35 Jahren Beamter, sitzt zu Hause beim Frühstück. Er liest seit über einer Stunde seine Morgenzeitung, löffelt gerade das zweite Ei und nimmt noch eine zweite Tasse Kaffee.
Schließlich fragt ihn seine Frau: „Sag mal, Hans, musst du heute nicht ins Amt?"
Krause fährt wie von der Tarantel gestochen hoch und stöhnt: „Ach du meine Güte, ich dachte, ich wäre schon lange dort!"

„Felix, warum hast du denn einen Verband um den Kopf?", fragt Sven.
„Weil mich eine Mücke gestochen hat."
„Und dafür brauchst du so einen großen Verband?", staunt Sven.
„Ja, meine Schwester hat die Mücke nämlich mit dem Spaten totgeschlagen!"

„Mein Onkel ist Pfarrer!", prahlt Frank. „Alle Leute reden ihn mit ‚Hochwürden' an!"
„Na und?", meint Hannes. „Mein Onkel ist Kardinal, und alle sagen ‚Eminenz' zu ihm!"
Da winkt Max lässig ab. „Das ist noch gar nichts! Ich habe einen Onkel, der wiegt 250 Kilo. Wenn der auf die Straße geht, dann sagen alle Leute: ‚Allmächtiger Gott'!"

Autofahrerin zum Polizisten: „Natürlich weiß ich, dass mein Kind erst ab zwölf auf dem Beifahrersitz fahren darf. Aber wegen der paar Minuten bis Mittag werden Sie doch wohl ein Auge zudrücken können?"

Außer Atem, aber glücklich, kommt MacDonalds Frau nach Hause. „Stell dir vor", berichtet sie ihrem Mann voller Stolz, „ich habe zehn Cent gespart. Statt mit dem Bus zu fahren, bin ich hinter ihm hergelaufen."
„Brav, brav", lobt ihr Mann. „Aber du hättest locker zwei Euro sparen können, wenn du hinter einem Taxi hergelaufen wärst."

„Wie kannst du nur überall rumerzählen, ich wäre eine blöde Kuh?", beschwert sich Steffi bei ihrer Freundin.
„Wieso? Ist das ein Geheimnis?"

Frau Kunze fragt ihren Sohn: „Sag mal, warum spielst du eigentlich immer mit den Kindern, die am schlechtesten erzogen sind?"
„Ganz einfach", meint Klaus. „Weil die gut erzogenen Kinder nicht mit mir spielen dürfen!"

„Essen und Singen sind meine Hobbys", erklärt Klaus.
„Und was meint deine Mutter dazu?"
„Am liebsten hört sie mich essen."

Nachwuchsautor Peter Handkäs hat seinen ersten Roman geschrieben und kreuzt damit bei einem Verlag auf. „Was werden Sie unternehmen, damit mein Buch unter die Leute kommt?", fragt er den Verleger.
„Ganz einfach. Wir machen Konfetti aus dem Manuskript."

„Aber dass du mir nicht wieder so spät nach Hause kommst!", ruft der Vater der Tochter nach, die in die Disco will.
Die ruft zurück: „Okay! Soll ich frische Brötchen mitbringen?"

Markus seufzt und macht ein langes Gesicht.
„Was ist denn los mit dir?", fragt sein Vater.
„Ach, wenn ich nur das Geld hätte, um mir eine große Dampfwalze kaufen zu können."
„Wozu brauchst du denn eine Dampfwalze?"
„Brauch ich ja nicht. Ich wünschte nur, ich hätte das Geld!"

MacDonald schreibt an die Zeitung: „Unterlassen Sie gefälligst den Abdruck dieser dämlichen Schottenwitze, sonst werde ich mir Ihr Blatt nie mehr in der öffentlichen Bibliothek ausleihen!"

Georgs Eltern haben einen neuen Swimmingpool, und sein Freund Kai kommt zur Einweihung. Das Wasser ist herrlich.
„Jetzt kannst du aber wieder herauskommen!", ruft Georg nach einer Stunde. „So gesund ist es auch nicht, wenn du so lange drin bleibst."
„Na gut", sagt Kai. „Ich glaube, meine Socken sind jetzt auch sauber."

Dora ist wieder beim Shoppen.
„Nehmen Sie doch diesen da", versucht ihr die Verkäuferin einen Pullover anzudrehen. „Der ist garantiert aus 100 Prozent Baumwolle."
Dora ist leicht verwundert: „Wieso steht dann auf dem Etikett ‚Zu 100 Prozent aus Acrylcyclomiadit'?"
„Ach, das ist nur zur Täuschung der Motten!"

Der Richter ist ratlos: „Ich kann Sie nicht verurteilen. Es gibt einfach nicht genug Beweise dafür, dass Sie die Bank ausgeraubt haben."
Angeklagter: „Oh, toll! Dann kann ich das Geld also behalten?"

Frau Mittermayer bringt ihren lädierten Wagen in die Kfz-Werkstatt.
„Können Sie mein Auto reparieren? Ich bin beim Ausparken leider mit dem Heck gegen einen Lichtmast gefahren."
Der Mechaniker schaut den Wagen von allen Seiten an, kratzt sich am Kopf und fragt: „Und wie oft?"

Herr Schneider bietet auf der Ausstellung für Hobbykünstler eines seiner Werke an.
Ein Besucher zeigt sich interessiert. „Ich gebe Ihnen fünf Euro für das Bild."
„Na, hören Sie!", protestiert Schneider. „Die Leinwand allein hat doch schon acht Euro gekostet!"
„Na ja, aber da war sie noch sauber."

„Diese Säge funktioniert nicht!", beschwert sich Herr Mooshammer empört im Geschäft bei einem Verkäufer. „Sie haben gestern gesagt, dass ich mit dieser Säge locker zwanzig Baumstämme in einer Stunde schaffen würde. Ich habe aber für einen Stamm allein schon drei Stunden gebraucht."
„Das werden wir gleich mal nachprüfen", sagt der Verkäufer. Er nimmt die Säge, drückt auf den Startknopf, und der Motor heult auf.
„Huch!" Mooshammer zuckt erschrocken zurück. „Was ist denn das für ein Geräusch?"

Der Angeklagte bedankt sich nach dem Prozess bei seinem Anwalt: „Nur ein Jahr auf Bewährung?! Super! Wie haben Sie denn das hingekriegt?"
„Das war gar nicht so einfach", erklärt der Anwalt. „Der Richter wollte Sie zunächst freisprechen."

„Was meinst du wohl", ärgert sich die Mutter, „was mit kleinen Mädchen passiert, die ihren Teller nicht aufessen?"
„Die bleiben schlank, werden später Model und verdienen einen Haufen Geld."

„Omi, lass uns endlich mal wieder ins Kino gehen!"
„Aber wir waren doch schon mal im Kino."
„Ja, schon, aber inzwischen gibt es Tonfilme."

Jannik beschwert sich bei Karin: „Niemand nimmt mich ernst!"
Darauf Karin mitfühlend: „Ach, du machst Witze!"

Der Elektriker soll bei Müllers einen Schaden reparieren. Als er an der Tür klingelt, bekommt er einen elektrischen Schlag, dass es ihn zu Boden wirft.
Frau Müller öffnet die Tür und sagt: „Aha, Sie haben den Schaden also schon gefunden!"

Ein Ehepaar übernachtet in einem alten englischen Schloss. Um Mitternacht werden sie wach. Es knackt, raschelt und stöhnt draußen im Flur. „Sind das Gespenster?"
„Sieh nach", flüstert Peter.
„Sieh lieber du nach", flüstert Martina zurück. „Du bist besser in Englisch als ich."

Franz will seinen Geburtstag groß feiern und Felix auch einladen. „Das Dumme ist nur", meint Franz, „dass wir mit dir dreizehn sind, und dreizehn ist doch eine Unglückszahl."
„Och, das macht gar nichts", entgegnet Felix. „Ich esse und trinke für zwei."

McDonald und McMaddock haben gemeinsam eine Kreuzfahrt unternommen und sind schiffbrüchig geworden. Beide treiben in den bitterkalten Fluten, jeder an eine Planke geklammert.
Nach einer Weile fragt McDonald bibbernd: „Was ist? Können Sie sich noch lange über Wasser halten?"
„Sie haben vielleicht Nerven!", schnaubt McMaddock erschöpft. „In solch einem Moment über Geschäfte zu reden!"

„Und Sie glauben, dass ich mit dieser Creme alle Falten in meinem Gesicht wieder wegbekomme?", fragt Frau Schiller.
„Klar doch", sagt der Verkäufer. „Mit dieser Mixtur machen sie drüben in der Fabrik sogar das Wellblech wieder glatt!"

Ein kurzsichtiger Möchtegernmusiker geht in den nächsten Musikalienladen und sagt: „Ich hätte gern die Hammondorgel da drüben und die rote Trompete!"
„Ist okay", sagt der Verkäufer. „Den Feuerlöscher können Sie haben, aber der Heizkörper bleibt da. Klar?"

Antoni sieht auf der Straße eine schwarzweiß gefleckte Katze: „Och, wie niedlich! Genau so was haben wir zu Hause auch. Nur in Braun und als Hund!"

Der Nachbar schimpft: „Was hast du da oben in meinem Baum zu suchen?"
„Ein Apfel war heruntergefallen, da wollte ich ihn wieder raufhängen", sagt der Nachbarsjunge.

„Ihre Kühe weiden auf einer herrlich saftigen Wiese. Warum sind sie trotzdem völlig abgemagert?"
„Seit ich den Stier verkauft habe, fressen sie alle nur noch Vergissmeinnicht!"

Mitten in der Wüste sitzt ein Mann und spielt zauberhaft Geige. Ein Löwe umkreist ihn und legt sich nieder. Dann kommen noch zwei und legen sich ebenfalls hin. Nach einiger Zeit kommt ein vierter und frisst den Spieler auf.
Oben in der Palme meint ein Affe zum anderen: „Ich habe es doch gesagt, wenn der Taube kommt, ist es mit der Musik vorbei ..."

Die Gastgeberin singt zu Klaviermusik.
Da flüstert Kunibert: „Sie sollte im Fernsehen auftreten!"
„Wieso?", fragt ein anderer Gast.
„Dann könnte man sie abstellen!"

Ein Stadtbewohner kommt in die Berge und fragt den Bauer, der gerade eine Kuh melkt, nach der Uhrzeit. Darauf hebt der Bauer das Euter der Kuh hoch und sagt: „Zwölf!"
„Donnerwetter", staunt der Städter. „An der Schwere des Euters können Sie genau feststellen, wie spät es ist?"
„Nein", sagt der Bauer. „Aber wenn ich das Euter anhebe, kann ich die Kirchturmuhr sehen!"

Simon kommt zum Mopedhändler und schimpft: „Bei dem Moped, das Sie mir verkauft haben, rinnt dauernd das Öl raus!"
„Ich habe doch gleich gesagt, dass es sich bei diesem Moped um ein Auslaufmodell handelt!"

„Kommst du mit ins Hallenbad?", fragt Bernd seinen Freund Fred.
„Darf nicht", sagt Fred. „Habe Hausverbot im Hallenbad."
„Wie gibt's denn so was?"
„Ich habe ins Becken gepinkelt."
„Das machen doch andere auch!"
„Schon. Aber nicht vom Zehnmeterbrett!"

„Zu Oma und Opa gehe ich nie wieder!", sagt Elke zu ihrer Mama. „Die sitzen den ganzen Tag auf dem Sofa und haben nichts an!"
„Um Gottes willen, was sagst du da? Die haben nichts an?"
„Nein, keinen Fernseher, kein Radio, gar nichts!"

Petrus erscheint einem alten Musiker. „Ich habe eine gute und eine schlechte Nachricht", sagt er. „Die gute: Du bist ins Himmlische Orchester aufgenommen. Die schlechte: Die erste Probe ist morgen, 9 Uhr früh!"

Zwei junge Naturforscher betrachten den abendlichen Sternenhimmel. Sie können sich nicht einigen, welches Sternbild der Große Wagen ist. Deshalb fragen sie einen Vorübergehenden.
Der antwortet höflich: „Das kann ich leider nicht sagen. Ich bin nicht von hier."

Nach einem schweren Sturm fragt die Nachbarin: „Ist Ihr Dach auch so stark beschädigt?" „Keine Ahnung, ich habe es noch nicht gefunden."

Der Sohn fragt seinen Vater: „Was ist der Unterschied zwischen Radio, Fernsehen und Taschengeld?"
„Weiß ich nicht", brummt dieser.
„Ganz einfach: Radio hört man, Fernsehen sieht man, und vom Taschengeld hört und sieht man nichts!"

„Kannst du schon schwimmen?"
„Nur zeitweilig."
„Wieso?"
„Nur wenn ich im Wasser bin."

Flori hält sein Brathähnchen mit beiden Händen und nagt daran herum. Tante Adelheid schämt sich vor den Gästen.
„Man nimmt das Messer in die rechte Hand und in die linke die Gabel. So isst man!", zischelt sie ihm wütend zu.
Da kann Flori nur grinsen: „Und womit willst du dann das Hähnchen halten?"

Paula kommt in den Ferien zu ihrem Onkel, der alte Gefäße sammelt. Da passiert es: Sie stößt einen Krug aus der Sammlung um.
Schimpfend kommt der Onkel an: „Das war ein Stück aus dem 15. Jahrhundert!"
„Da bin ich aber froh", atmet Paula erleichtert auf. „Ich dachte, er wäre neu."

Auf dem Weg vom Geländespiel zischt Ulla Micha ganz leise zu: „Du hast dich ganz schön gedrückt, als die Keilerei losging."
Micha geht ruhig weiter und erwidert: „Hast du nicht gesehen, wie frech ich geguckt habe?"

„Wir sind heute Abend neun Personen, und wir haben nur sieben Tortenstücke!", jammert die Mutter.
„Halb so schlimm", sagt Vater. „Bis dahin sind die Kinder sicher wieder einmal so frech, dass wir sie zur Strafe sofort ins Bett schicken können."

„Mein Gott, bist du langsam: beim Essen, beim Waschen, bei den Hausaufgaben. Gibt es denn nichts, was bei dir schnell geht?"
„Doch", antwortet Michi. „Ich werde schnell müde."

Fragt der Zeltlager-Betreuer: „Wie stark entfacht ihr das Feuer, wenn ihr Rauchsignale geben wollt?"
„Das hängt ganz davon ab, ob es sich um ein Orts- oder Ferngespräch handelt."

Der Sieg beim Geländespiel ist noch nicht entschieden. Da ruft Harry: "Hallo, hallo, Erik, ich habe den Chef der Violetten gefangen."
"Bring ihn her", antwortet Erik.
"Geht nicht", presst Harry heraus. "Er lässt mich nicht los!"

Eine Motorradgang rast durchs Dorf. Der Hahn des Bauern wird dabei überfahren. Knut bringt ihn zum Bauern und verspricht feierlich: "Selbstverständlich werden wir den Hahn ersetzen."
Der Bauer sagt: "In Ordnung. Ab morgen, fünf Uhr früh, kommt ihr auf den Hof und kräht!"

Der alte Dampfer tuckert in der Dämmerung die Küste entlang. In der Kajüte erzählt der Kapitän: "Den Küstenbereich kenne ich wie meine Westentasche. Ich kenne jede einzelne Sandbank!"
Im gleichen Augenblick gibt es einen ungeheuren Ruck, und das Schiff hängt fest. "Sehen Sie", sagt der Kapitän. "Was habe ich gesagt? Da ist schon eine!"

Der Vater fragt die Tochter: „Weißt du, was ich mir im neuen Jahr von dir wünsche?"
„Was denn?"
„Dass du immer artig bist."
Sie zuckt mit den Schultern: „Schade, ich habe dir schon etwas anderes gekauft."

Die kleine Emily ist ihren Brüdern davongelaufen.
„Komm", sagt Kai zu Mark, „wir laufen ihr beide hinterher! Zwei sind schneller als einer!"

„Was versteht man unter Wasserkraft?"
„Wenn ein Kind im Kaufhaus weint, damit die Eltern ihm ein Spielzeug kaufen."

Nach langer Wanderung kommen drei Jungs an eine Raststätte. Sie bestellen drei Gläser Limo.
Kevin ruft der Kellnerin hinterher: „Ich möchte bitte ein sauberes Glas!"
Nach einer Weile kommt die Kellnerin mit den Limos zurück und fragt: „Wer bekommt das saubere Glas?"

Seit vielen Jahren ist zum ersten Mal der Fernseher kaputtgegangen. Herr Becker sieht sich verwundert im Zimmer um. Da erblickt er seinen Sohn Tom und staunt: „Mein Gott, bist du gewachsen!"

Heinzi trifft Wolfi im Fahrstuhl.
„Wo willst du denn hin?"
„Na, zu Sonja."
„Die wohnt doch drei Häuser weiter."
„Ja, weiß ich, aber dort ist der Fahrstuhl kaputt."

Ernst war wieder einmal frech und hat dafür eine Ohrfeige von der Mutter bekommen.
„Was ist denn passiert?", fragt der Vater, als er den weinenden Sohn antrifft.
„Ach", schluchzt Ernst, „ich hatte wieder mal eine Meinungsverschiedenheit mit deiner Frau."

Mutter und Tochter spülen in der Küche das Geschirr. Vater und Sohn sitzen im Wohnzimmer und sehen fern. Plötzlich klirrt es in der Küche heftig.

„Das ist der Mutter passiert!"
„Woher weißt du das?"
„Weil niemand schimpft."

Der kräftige Herbert schleppt keuchend und mit weichen Knien beim Umzug den Kleiderschrank. Die Mutter schlägt entsetzt die Hände über dem Kopf zusammen. „Aber Jakob sollte dir doch helfen!"
„Mach ich doch", kommt eine dumpfe Stimme aus dem Schrank. „Ich halte die Kleider fest!"

„Stellen Sie sich vor: Heute früh habe ich meinem Mann statt Haferflocken Seifenflocken vorgesetzt", sagt Frau Kleinhemd zu Frau Großrock.
„Ach, wie interessant. Da war er wohl stinksauer?"
„Nein, er hat geschäumt."

Piet hält sich den Bauch und wimmert.
„Hast du etwas Verkehrtes gegessen?"
„Anscheinend. Die letzte Pflaume muss schlecht gewesen sein. Die anderen 87 waren aber gut."

Ferdi geht zum Optiker. „Der Arzt hat mir eine Brille verschrieben. Können Sie mir die machen?"
„Aber sicher", sagt der Optiker. „Kurzsichtig oder weitsichtig?"
„Durchsichtig, bitte."

Der Zahnarzt ermuntert den ängstlichen Siggi: „Jetzt machst du mal den Mund schön auf und beißt die Zähne zusammen."

„Herr Zahnarzt, gelingt es Ihnen immer, die Zähne schmerzlos zu ziehen?"
„Nein, leider nicht. Neulich habe ich mir die Hand verstaucht."

„So", sagt der Arzt, „du hast also Magenschmerzen. Isst du vielleicht zu viele Süßigkeiten?"
„Überhaupt keine."
„Dann muss ich dir etwas anderes verbieten."

Am heißen Urlaubsstrand sagt Knut: „Ach, bei uns zu Hause wird es jetzt schön frisch sein."
„Warum?", fragt schwitzend der Vater.
„Bevor wir losfuhren, habe ich den Kühlschrank aufgemacht."

Ein Kunde fragt den Friseur: „Muss ich für meine paar Haare den vollen Preis bezahlen?"
„Mein Herr, Sie zahlen ja nicht fürs Schneiden, sondern fürs Suchen."

„Na, wie war's im Ferienlager?"
„Fürchterlich. Die ganze Zeit Regen."
„Aber du bist doch total braun!"
„Das ist der Rost."

Urlaub – Sonnenuntergang – Strand.
Manfred fragt seine kleine Schwester Moni: „Siehst du, wie rot die Sonne untergeht? Weißt du auch, warum das so ist?"
„Klar, sie ärgert sich, dass sie so zeitig ins Bett muss."

„Die neuen Schuhe werden in der ersten Woche vielleicht hier und da ein wenig drücken", sagt der Verkäufer.
„Ach, das macht doch nichts", sagt Nepomuk. „Ich trage sie doch erst in der übernächsten Woche."

„Geht so ein Dampfer öfter unter?", fragt Felix den Kapitän.
„Nein, nein", beruhigt ihn dieser, „nur einmal. Dann bleibt er nämlich unten."

Es ist bewölkt. Zwei treffen sich.
„Warum rennst du mit einem schwarzen Regenschirm herum?"
„Ich habe gelesen, dass Schwarz die Sonne anzieht."

Die Stewardess verteilt vor dem Start Kaugummis.
„Wozu sind die?", fragt ein Passagier.
„Das hilft, den Druck in den Ohren zu lindern."
Nach der Landung fragt der Passagier: „Wie soll ich nun die Kaugummis aus den Ohren herausbekommen?"

„Verzeihung, Herr Kapitän, wie tief ist das Meer an dieser Stelle?"
„Etwa acht Meter."
„Dann bin ich beruhigt. Mir wurde eben gesagt, es wären 80 Meter. Ich kann nämlich nicht schwimmen."

Erster Tag nach den Ferien. Es war ein heißer Sommer.
„Bei uns war es so heiß, dass man nach zehn Minuten braun geröstet war", sagt Marlies.
„Das ist doch gar nichts", setzt Liese dagegen. „Wir mussten den Hühnern Eis geben, damit sie keine Spiegeleier legten."

Am Bahnübergang.
„Komm sofort da runter! Was kletterst du hier an der Bahnschranke hoch?"
„Ich muss wissen, wie hoch die Schranke ist."
„Das kannst du doch auch messen, wenn die Schranke unten ist."
„Ich will doch nicht wissen, wie lang die Schranke ist, sondern wie hoch sie ist."

Frau Waigel bringt empört einen Stuhl in den Laden zurück.
„Diesen Stuhl habe ich erst gestern gekauft! Und heute ist er schon völlig aus dem Leim gegangen!"
Der Verkäufer untersucht den Stuhl und stellt fest: „Da hat sich vermutlich jemand draufgesetzt."

Andi fährt bei Nacht ohne Licht auf seinem Fahrrad. Marion kommt ihm entgegen. „Bist du verrückt, ohne Licht zu fahren?"
„Wieso? Noch nie was von Stromsparen gehört?"

Zwei Luftballons fliegen herum und kommen an einen Blumenladen.
Warnt der eine: „Pass auf, da steht ein Kaktussssssssssss."

„Du siehst so traurig aus, Tom!"
„Ach ja, ich habe gerade ein trauriges Buch gelesen."
„Welches denn?"
„Mein Sparbuch."

Verkehrsfunk: „Bitte fahren Sie äußerst rechts und überholen Sie nicht, es kommt Ihnen ein Fahrzeug entgegen!"
Ein Mann am Steuer: „Eins? Hunderte!"

Treffen sich zwei Freunde.
„Ich habe gestern ein schreckliches Erlebnis gehabt!", sagt der eine. „Vor mir ein Löwe, links ein Leopard, rechts ein Krokodil ..."
„Und hinter dir?", will der andere wissen.
„Zum Glück der Ausgang vom Tierpark!"

Polizist: „Herzlichen Glückwunsch! Sie sind der hunderttausendste Autofahrer, der diese Brücke überquert hat. Sie bekommen 10.000 Euro! Was werden Sie mit dem Geld anfangen?"
Fahrer: „Dann mach ich zuerst mal den Führerschein."
Beifahrerin: „Hören Sie nicht auf ihn, er ist total betrunken."
Opa vom Rücksitz: „Ich hab euch doch gesagt, dass wir mit diesem geklauten Auto nicht weit kommen."
Stimme aus dem Kofferraum: „Kinder, sind wir schon hinter der Grenze?"

Eine alte Dame sucht im überfüllten Bus einen Sitzplatz.
Sagt ein junger Mann: „Passen Sie auf! An der nächsten Haltestelle müssen Sie schnell sein, da steige ich aus."

Ein Mann rennt verzweifelt hinter einem Bus her.
Da beugt sich eine alte Dame aus dem letzten Fenster und ruft ihm zu: „Den kriegen Sie nicht mehr!"
„Ich muss!", keucht der Mann. „Ich bin der Fahrer!"

Ein Mann sitzt im Zug und kaut schweigend Kaugummi.
Die ältere Dame, die ihm gegenübersitzt, sagt: „Junger Mann, es ist ja sehr freundlich von Ihnen, mir so viel zu erzählen, aber leider bin ich völlig taub."

Im Bus sitzt ein Junge mit einer triefenden Schnupfennase.
Sagt der feine Herr neben ihm: „Sag mal, hast du denn gar kein Taschentuch, mein Junge?"
„Schon, aber ich verleihe es nicht."

Im Ferienheim.
Gabi: „Der Frühstückskaffee schmeckt heute wie Spülwasser!"
Anne: „Das ist doch Tee."
Heimleiterin aus der Küche: „Noch jemand Kakao?"

Eine reizende alte Dame bei ihrer ersten Seereise.
Steward: „Sind Sie zufrieden?"
„Es ist alles wunderbar!", sagt die alte Dame und zeigt auf das Bullauge. „Vor allem der Wandschrank! Was da alles reingeht!"

Während Mama beim Einkaufen war, haben die Kinder die Hausarbeit erledigt.
Steffi berichtet: „Also, das war so: Wir haben die Arbeit geteilt. Trixi hat abgespült. Ich habe abgetrocknet. Und Peter hat die Scherben zusammengekehrt."

„Hast du jetzt endlich das Auto in die Garage gebracht?", brummt der Vater.
„Ja", sagt der Sohn. „Jedenfalls die wichtigsten Teile."

Ein Mann rennt völlig außer Atem zum Bootssteg, wirft seinen Koffer auf das drei Meter entfernte Boot, springt hinterher, zieht sich mit letzter Kraft über die Reling und schnauft erleichtert: „Geschafft!"
Einer der Seeleute meint: „Gar nicht so schlecht, aber warum haben Sie eigentlich nicht gewartet, bis wir anlegen?"

Heinz steigt torkelnd in die U-Bahn. Er sagt zu einem Herrn in Uniform: „Einmal Beethovenplatz!"
Herr: „Was erlauben Sie sich. Ich bin Admiral und kein Schaffner."
Heinz: „Tschuldigung, ich wusste ja nicht, dass ich auf einem Schiff gelandet bin."

Fremder: „Wie komme ich am schnellsten zum Krankenhaus?"
Taxifahrer: „Ja, wenn Sie mich so fragen: Am besten machen Sie die Augen zu und gehen über die Hauptstraße, ohne sich um die Huperei zu kümmern. Dann werden Sie gleich mit Blaulicht hingefahren."

„Herr Ober! Sie können doch nicht meine Bockwurst mit dem Daumen festhalten!"
„Muss ich, muss ich, mein Herr. Oder wäre es Ihnen vielleicht lieber, wenn sie mir noch ein drittes Mal in den Dreck fällt?"

Ein Fernfahrer macht in einer Raststätte Pause.
Kommen zwei Rocker in Motorradkluft rein, ziehen ihm die Serviette durch die Suppe, beschmieren seine Haare mit Senf, stülpen ihm den Zuckernapf über den Kopf und bekleckern sein Hemd mit Ketchup. Der Fernfahrer zahlt seine Rechnung, steht auf und verlässt ungerührt das Lokal.
Fragen die Rocker erstaunt den Kellner: „Was war das denn für ein Typ?"
Kellner: „Wirklich ein seltener Idiot! Und Autofahren kann er auch nicht! Er fährt gerade zwei Harleys beim Rückwärtssetzen zu Schrott!"

Zwei Eisbären treffen sich in der Wüste.
Sagt ein Eisbär zum anderen: „Mann, müssen die hier einen strengen Winter haben! Die haben ganz schön gestreut!"

„Wie waren die Weihnachtsplätzchen, die ich dir mitgegeben habe?", will Tante Molli wissen.
„Also, die Marmelade war klasse! Und die kleinen Untertellerchen bringe ich dir wieder zurück", meint Xaver.

„Herr Ober! Wie hat denn der Küchenchef dieses Gulasch zubereitet?"
„Das, mein Herr, ist das Geheimnis unseres Küchenchefs."
„Dann sagen Sie ihm, Geheimnisse sollte man für sich behalten!"

David und Daniela fahren in die Ferien zur Oma. Als sie zum Bahnhof kommen, merken sie, dass der Zug schon fort ist.
„Wenn du nicht so gebummelt hättest", schimpft David, „dann hätten wir den Zug noch erwischt."
„Und wenn du nicht wie ein Wahnsinniger gerannt wärst", kontert Daniela, „dann müssten wir jetzt nicht so lange auf den nächsten Zug warten."

Fragt das Häschen die Zapfsäule an einer Tankstelle:
„Bist du ein Roboter?"
Keine Antwort.
„Bist du kein Roboter?" Wieder keine Antwort.
Da wird es dem Häschen zu blöd:
„Jetzt nimm doch endlich mal die Finger aus den Ohren, damit du mich verstehen kannst!"

Plotzkis waren in Rom.
Ein Bekannter möchte wissen: „Haben Sie auch alles besichtigt, zum Beispiel das Kapitol?"
Plotzki: „Wenn wir schon mal in Rom sind, dann gehen wir doch nicht ins Kino!"

„Du, Christoph! Dir hat jemand eben dein Auto geklaut!"
Christoph springt auf und rennt los wie wild.
Aber die anderen rufen: „Warte! Du kannst den doch nicht zu Fuß erwischen!"
Sagt Christoph: „Da kennt ihr meinen Wagen aber schlecht!"

Angerufener: „Wer ist denn am Telefon?"
Huber: „Huber."
Angerufener: „Bitte, wer?"
Huber: „Huber – Heinrich, Ulrich, Berta, Emil, Richard."
Angerufener: „Und wieso ruft ihr zu fünft an?"

„Halt!", sagt der Polizist. „Sie sind zu schnell durch die Bahnhofstraße gefahren!"
„Unmöglich", sagt Herr Kammermeier. „Ich hatte höchstens vierzig drauf. Nein, es waren dreißig oder fünfundzwanzig. Ach was, viel weniger, wenn ich es genau überlege!"
„Ist gut. Strengen Sie sich nicht mehr an", sagt der Polizist. „Ich schreibe Sie wegen Falschparkens auf, okay?"

„Was gibt es heute?", wird Moni gefragt.
„Sauerkraut", antwortet sie.
„Aber Moni", sagt Vati. „Du weißt doch, dass ich das letzte Mal Magenschmerzen von deinem Sauerkraut bekommen hab!"
„Das kann dir heute nicht mehr passieren", sagt Moni. „Ich hab den Kamillentee gleich mit reingekocht!"

Eine dicke Frau steigt in der Apotheke auf die moderne, sprechende Waage.
Sagt die Waage: „Immer nur eine Person auf einmal!"

Um Mitternacht klettern zwei Skelette auf dem Friedhof aus ihren Gräbern und gehen zu zwei abgestellten Motorrädern.
Plötzlich meint das eine Skelett: „Einen Moment, ich hab was vergessen!"
Es kommt mit seinem Grabstein auf dem Rücken zurück.
Sagt das andere Skelett: „Bist du übergeschnappt? Was soll denn das?"
Erstes Skelett: „Ich bin doch nicht blöd und fahre ohne Papiere!"

Vor einem Denkmal im Stadtpark.
„Wer ist das?"
„Irgend so ein Geistesriese. Goethe, Schiller oder so. Warum willst du das wissen?"
„Sollte man halt wissen, glaube ich."
„Weißte was, jetzt malen wir ihm die Nase weiß an, dann kannste morgen in der Zeitung lesen, wer's ist."

Prügeln sich Udo und Pitt.
Kommt eine alte Dame dazu und sagt: „Wisst ihr nicht, dass man seine Feinde lieben soll?"
„Das ist ja nicht mein Feind", sagt Pitt. „Das ist mein Bruder Udo!"

Einfaltspinsel im Elektrogeschäft: „Ich brauche sechs durchgebrannte Glühbirnen!"
Verkäufer: „Was wollen Sie denn damit, die sind doch nicht mehr zu gebrauchen?"
Einfaltspinsel: „Doch, ich richte mir gerade eine Dunkelkammer ein."

„Ich habe eine gute und eine schlechte Nachricht für euch", sagt Bello, der Hofhund, zu den Gänsen.
„Erzähle zuerst die gute!"
„O. K. Die Jäger haben alle Füchse im Revier erschossen."
„Prima. Und jetzt die schlechte."
„Morgen wird das mit einem großen Gänseessen gefeiert."

Jeepfahrer in der Wüste: „Wie komme ich ins nächste Dorf?"
Beduine: „Da fahren Sie immer geradeaus, und nächste Woche biegen Sie links ab."

„Mieser Schuppen, dieses Restaurant", schimpft der Vater. „Die Schnitzel klein, die Pommes zu wenig, die Kellner langsam ..."
„Ja", ergänzt der kleine Sohn, „und wenn wir nicht so schnell gewesen wären, hätten wir alles auch noch bezahlen müssen, gell, Papa!"

„Wieso haben die Züge immer wieder Verspätung?", schimpfen die Reisenden.
„Sonst hätten wir ja unsere schönen Warteräume umsonst gebaut!", erklärt der Stationsvorsteher.

Erste Mutter: „Wickelt ihr euer Kind auch mit diesen modernen, saugfähigen Papierwindeln?"
Zweite Mutter: „Nein, wir geben ihm Trockenmilch und stauben es dann nur ab!"

„Können Sie uns am kommenden Donnerstag besuchen?", wird der große Manager gefragt.
Er blättert im Terminkalender: „Geht leider nicht, da hab ich Aufsichtsratssitzung."
„Und am Donnerstag in vier Wochen?"
Er blättert wieder im Terminkalender: „Geht leider auch nicht, da bin ich in Zürich."
„Und am Donnerstag in acht Wochen?"
Er blättert wieder: „Da bin ich in New York."
„Und am Donnerstag in einem halben Jahr?"
Wieder das Geblätter. „Leider auch nicht. Da hab ich meine Grippe!"

„Ich lasse die ganze Nacht das Licht brennen, wegen der Einbrecher!", sagt Tante Amelie.
„Ach, das brauchst du nicht", sagt Neffe Christian. „Die haben Taschenlampen!"

„Ich muss Ihnen ein Geständnis machen", sagt der Chef zu seinen Angestellten. „Ich bin wahnsinnig abergläubisch. Ich zahle deshalb nie ein dreizehntes Monatsgehalt!"

Lies weiter!

Leseprobe aus *Witze für die Schultasche*

Nachdem Herr McTavish dreißig Jahre lang den gleichen Hut getragen hat, beschließt er, sich einen neuen zu kaufen. Er geht in den einzigen Hutladen, den es in seinem Städtchen gibt, und sagt zum Hutmacher: „So, da bin ich wieder."

Zwei Zahnstocher wandern bergauf. Plötzlich werden sie von einem Igel überholt. Darauf sagt der eine Zahnstocher zum anderen: „Also, wenn ich gewusst hätte, dass hier ein Bus hochfährt, wäre ich mitgefahren."

Ein Gast findet eine Fliege in seiner Cola, fischt sie heraus und wirft sie in den Aschenbecher. Der Kellner entschuldigt sich und bringt dem Gast sofort eine frische Cola.
Am Nebentisch sitzt ein Schotte, der das alles aufmerksam verfolgt hat. Er blickt in sein fast leeres Glas und fragt dann: „Verzeihung, ist die Fliege jetzt frei?"

Der Optiker sagt zu seinem Kunden: „Sie bekommen Brillengläser mit minus zehn Dioptrien!"
„Wieso das denn? Sie haben meine Augen doch noch gar nicht untersucht!"
„Gläser dieser Stärke bekommt jeder, der unser Geschäft durch das Schaufenster betritt."

Im Baumarkt. Der Verkäufer fragt einen Kunden: „Na, wie funktioniert die Rattenfalle, die Sie letzte Woche bei mir gekauft haben?"
„Ach, ganz hervorragend! Heute früh lagen schon wieder drei Ratten vor dem Ding, die sich über die primitive Technik der Falle totgelacht haben ..."

Ein Irrer zu einem anderen Irren: „Ich hätte gerne eine Flasche Limo."
Der andere gibt ihm eine Ohrfeige und sagt: „Hier, bitte schön."
Am nächsten Tag knallt der Geohrfeigte dem ersten Irren eine, die sich gewaschen hat, und sagt: „Hier hast du die leere Flasche zurück!"

An der Grenze wird ein Mann aufgefordert: „Können Sie sich identifizieren?"
Der Mann durchsucht seine Taschen und zieht dann einen kleinen Spiegel heraus. Er schaut kurz hinein und sagt: „Ja, ich bin's!"

Zwei Sandkörner treffen sich in der Wüste. Da sagt das eine zum anderen: „Du, ich glaube, wir werden verfolgt!"

Ein Mann wandert schon seit Stunden durch die Wüste. Endlich kommt ihm eine Frau entgegen. Der Mann fragt sie: „Ist es noch weit bis zum Meer?"
Die Frau schaut verdutzt und nickt.
Daraufhin sieht sich der Mann um und sagt: „Zum Meer ist es zwar ein bisschen weit, aber einen solchen Strand findet man nicht alle Tage!"

Zwei Engel fliegen nebeneinander her. Fragt der eine den anderen: „Du, weißt du, wie morgen das Wetter wird?"

Der andere darauf: „Weiß nicht genau, ich glaube, bewölkt."
Der erste: „Sehr gut, dann können wir uns endlich mal wieder hinsetzen."

Ein Schotte fragt seine Freundin: „Willst du heute mit mir zu Abend essen?"
Die Freundin: „Klar, sehr gerne!"
Darauf der Schotte: „In Ordnung, dann bin ich so gegen sieben bei dir."

Ein deutscher Urlauber fragt in Österreich einen Bauern: „Wie heißt denn der Berg da drüben?"
Der Bauer fragt zurück: „Wölcher?"
Darauf der Urlauber: „Danke schön!"

Zwei Riesen sind mit den Fahrrädern unterwegs. Plötzlich sagt der eine zum anderen: „Du, halt mal schnell an, ich glaube, mir ist ein Bussard ins Auge geflogen."

Zwei Irre beißen in eine Eisenbahnschiene. Sagt der erste: „Boah, ist die hart!"
Darauf der andere: „Geh doch da rüber, dort ist eine Weiche."

Zwei Irre machen eine Radtour. Nach ein paar hundert Metern hält einer der beiden an und lässt die Luft aus seinen Reifen.
„Was soll das denn?", fragt ihn der andere.
Darauf der erste: „Der Sattel war mir zu hoch."

Sonja Schlau fragt im Fundbüro: „Ist bei Ihnen ein 50-Euro-Schein abgegeben worden?"
Die Dame vom Fundbüro antwortet: „Nein, nur ein Hunderter."
Darauf Sonja Schlau: „Kein Problem, ich kann wechseln."

Ein Schotte kommt aufs Standesamt und möchte seinen Namen ändern lassen. Der Standesbeamte fragt ihn: „Warum denn?"

Darauf der Schotte: „Beim Spazierengehen habe ich gestern einen Karton Visitenkarten auf der Straße gefunden."

Zwei Schotten unterhalten sich. Der eine erzählt: „Gestern hat sich unser Fußballverein aufgelöst, der seit fünfzig Jahren bestanden hat."
Der andere fragt: „Ja, warum das denn? Gab es Streit?"
Der erste: „Nein, eigentlich nicht. Uns ist nur unser Ball abhanden gekommen."

Zwei Nullen laufen durch die Wüste. Plötzlich kommt ihnen eine Acht entgegen. Da sagt die eine Null zur anderen: „So ein Angeber, bei der Hitze mit einem Gürtel herumzulaufen!"

Noch mehr Lesefutter für Scherzkekse und Spaßvögel!